メガ盛

「株ドリル」

億を儲けた
"鬼神プロトレーダー
の技術"

全部
のせ

個人投資家
元機関投資家トレーダー堀江

KADOKAWA

■ はじめに　ハードなノルマをクリアして 10年間奮闘し続けた元プロトレーダー

　こんにちは、**YouTube チャンネル「元機関投資家トレーダー堀江の投資塾」を運営している堀江**と申します。

　私は国立大学の大学院で金融工学やファイナンスを専攻したあと、2003 年から 2013 年の間、地場証券会社、上場証券会社の自己売買部門のトレーダーとして働いていました。

　上場証券時代の月間ノルマは 1250 万円、年間 1 億 5000 万円。

　ノルマを達成できなければ 3 か月でクビになる世界で、プロとして日々、マーケット（株式市場）と格闘し、10 年間ディーラーを続けることができました。

　アベノミクスが本格化した 2013 年以降は、トレードで稼いだ税引き後の利益が、すべて自分の手取り収入になる個人投資家に転身しました。個別株や株価指数先物、FX（外国為替証拠金取引）などのトレード収益だけで生活 & 資産形成して、**すでに 10 年間**が経ちます。

■ 解くだけで "稼ぐ力" が自然と身につく 49問の株ドリル

　本書では、そんな元プロ、現専業投資家の立場から、株式投資で勝ち続けるために必要な**ドリル**を考えてみました。

　全部で 49 問あるドリルを楽しみながら解くことで、自然と株式投資で利益を出すために必要不可欠な考え方やノウハウ、技術が身につくような構成を心がけました。

　株式投資初心者の方には、かなり難しいドリルがあるかもしれません。ただ随所に「**プロの目**」「**儲けのツボ**」「**POINT!!**」「**ヒント**」といった形の解説を用意して、わかりやすく説明しましたので、どうか楽しみながら、気軽な気持ちで最後まで解いていってみてください。

　決してドリルに正解する必要はありません。

　ページをパラパラとめくって、ドリルについて自分なりに少し考え、

すぐ私の回答を読むだけでも、この一冊で「これぞ株式投資やトレードの極意」と思える知識やノウハウを習得できると思います。

タイトルにも "メガ盛" かつ "全部のせ" とあるように、私がプロのトレーダーとして得た知識やノウハウをすべて盛り込みました。

■ 証券会社の自己売買部門のディーラーとは？

最初に私のプロとしての経歴について、少しお話しさせてください。

一口に、「プロのディーラー」といっても、どういう金融機関のどういった部門で働いていたかで、やることはかなり違います。

同じ機関投資家といっても、証券会社、銀行、投資顧問会社、生命保険会社、損害保険会社、信託銀行、投資信託の運用会社、年金基金など、所属している会社（団体）組織で投資、運用、トレードの方法や実務には非常に大きな差があります。

私は、証券会社が自分のお金で相場を張って利益を出すための自己売買部門に所属していました。

証券会社には同じトレーダーでも、顧客企業からの株式の注文を執行する「セールストレーダー」もいます。

たとえば、「A社の株を明日100万株売ってほしい」という要望に応えて、なるべく顧客に有利な価格でA社株をマーケットで売りさばくのが彼らのミッションです。

私たち自己売買部門のトレーダーはセールストレーダーと区別して、「プロップトレーダー」と呼ばれていました。

プロップは「Proprietary：独自の」の略で、証券会社が独自の資金を使ってトレードを行い、収益をあげることを意味します。

プロップトレーダーのミッションは、より単純に儲けることです。

月間ノルマ、年間ノルマが決められていて、ノルマを達成できない人、つまり儲けられない人は簡単にクビになります。

数字イコール人格といっていい世界で、トレードで稼げない人はどんなにディーラーを続けたくても続けることができません。

■ 厳しいノルマ。損したら売買停止。
1週間でクビもざら

私が最初に所属した地場証券には100人近いディーラーがいましたが、ほとんどが契約社員で、利益を出すことができなければ、すぐクビになる厳しい世界でした。

新人の場合、10万円負けたら即、その月の売買が停止されてしまうこともあり、**1週間でクビになる人**も見てきました。

1日どれぐらいの金額の取引ができるかは人によって違います。

私の場合は**トータルで5億円までデイトレード**（「日計り」といいます）ができました。

地場証券は日計りだけで、その日の取引を翌日まで持ち越す「**オーバーナイト取引**」は、夜間に米国市場などで株式相場が急変動するリスクが高いため、ベテラントレーダーにも認められていませんでした。

目標ノルマは月間130万円でしたが、そもそも固定給が10万円以下と、ものすごく低く、トレードで稼いだ**月間利益の中から歩合で各月の給料が出る仕組み**です。

月間130万円のノルマ達成だけでは、生活できません。

実際は月300万円以上稼いで初めて、年収1000万円を達成できるといった感じでした。

1日当たりの**損失許容額は350万円**。損失がこの金額を超えそうになったら自動的に損切り（ロスカット）する義務がありました。

1か月の損失額が700万円を超えると売買停止となり、その月はもう取引できません。要するに、ほぼ無給になります。

■ 上場証券での取引額はグロス12億円、
ネット6億円

その後、転職した上場証券会社の自己売買部門では、取引額が買いと売りを合わせて（「グロス」といいます）**12億円**、買いのみや売りのみ（「ネット」といいます）だと**6億円**まで増えました。

　上場証券会社ではハイリスクなオーバーナイト取引も認められていて、その取引額は買いのみ、もしくは売りのみだと、最高4億円。

　月間利益のノルマは**1250万円**。**損失額が2000万円に達すると、その月は売買停止**になりました。

　ちなみに私は、地場証券でも上場証券でも、**売買停止になったことは一度もありません**でした。

■トレーダーは孤独な一匹狼で十人十色

　自己売買部門のディーラーは完全に**一匹狼の世界**で、チームでトレードすることはありません。

　建前上は、自分がどんな銘柄を売買しているか、同じフロアの同僚たちと話してはいけないことになっています。

「あの銘柄をカラ売りしたら担がれて（カラ売りポジションの損失覚悟の買い戻しを狙った誰かの買いにより株価が上昇すること）、50万円損しちゃったよ」

　と、トレード終了後の部会でボヤいている同僚の前で、

「いや、実はその株を買い上げたのは私です。100万円儲かりましたよ」

　といった話は絶対にしません。

　同じフロアのトレーダーたちがどの銘柄を売買して、どれぐらい儲けているかを知っているのは、部署全体の収益を管理する部長か、コンプライアンス部門の人間だけという世界です。

　ディーリング中は、ほかのディーラーの端末モニタをのぞき込むこともありません。はっきりいって、**非常に孤独な世界**です。

　当然、トレード手法も人それぞれ。

「日経平均先物」（日本を代表する株価指数である日経平均株価の先物取引のこと。「日経225先物」とも呼ばれます）ばかり取引していて、個別の現物株をほとんど見ないトレーダーもいます。

　逆に現物株の取引だけして、先物取引をヘッジ（損失回避）目的のためだけにしか使わない人もいました。

　マーケットで人気があって、値動きの激しい銘柄ならなんでもやるト

レーダーもいれば、**売買板**（売り買いの注文価格と注文数が表示されたボードのこと）が分厚い大型株ばかりを狙う人、板が薄い銘柄に小刻みな買いを入れて値動きをつくるのが上手な人もいました。

ディーラー時代の私が得意にしていたのは、株価が100円～500円と安く、売買板に大量の注文が並んでいる銘柄を**50万株、100万株と大量の株数、買って、1円、2円のサヤを抜くような低位株トレード**でした。

トレードスタイルはまさに十人十色です。

■トレーダーと個人投資家は実は非常に似ている

孤独で一匹狼で、手法は自由自在ですべてが自己責任。

そう書くと、ディーラーという職業は「群れを嫌い、権威を嫌い、束縛を嫌い、（中略）叩き上げのスキルだけが（後略）」というテレビドラマの某女医のキャラクターとそっくりに思えるかもしれません。

ただ、上記の特性は、実はそっくりそのまま、株式投資で勝ち続ける個人投資家の立場や資質とも重なります。

証券会社の自己売買部門の**ディーラーと個人投資家の立ち位置**は、実は非常に似通ったものです。

プロと同様、個人投資家も個人といわれる以上、孤独な一匹狼ですし、自分の得意手法をしっかり認識して個性豊かに取引したほうが利益を伸ばせます。

取引で大儲けしても大損しても、誰（他人）のせいでもなく、**完膚なきまでに自己責任**という潔い世界で勝ち続けなければなりません。

ただ、一つ違うのは、プロのトレーダーには毎日トレードし続けなければならない、そして、利益をあげ続けないとクビ、大損すると即、退場という"縛り"があること。

一方、個人投資家は毎日取引する必要はなく、トレードしづらい相場環境のときには様子見が可能です。

必ずしも利益をあげ続ける必要はなく、たとえ大損したとしてもマーケットから退場する義務もありません。

　プロと違って、**自分が勝てそうな場面だけを選んで勝ち逃げができる特権**はフル活用しましょう。

　ただ、「別に利益があがらなくてもいい」「大損してもしょうがない」と思って株式投資をしている人は皆無のはずです。

■ 個人投資家も「利益が出ないとクビ」の覚悟で!

　つまり、個人投資家も、**「利益をあげ続けないと生き残れない」「大損を回避できないと"死ぬ"」**ぐらいの決意と覚悟を持って取引したほうがいい結果を出せる、ということです。

　だからこそ、プロのディーラーが見据える株式投資の現実、利益をあげるための極意、損失を回避するために不可欠なノウハウ、株価チャートから未来を予測する技術を知ることは、そのまま個人投資家の方々にもすぐ役立つと信じています。

　本書では「プロが考えた……」といった切り口で、私が考える株式投資で成功し続けるための視点やアイデアを随所に紹介していきます。不遜にも「プロ」と名乗らせていただきますが、先ほどお話ししたようにプロといってもやっていることは千差万別、十人十色です。

　元プロの私がプロすべての見解を代表しているわけでは決してありません。

　本書で**「プロが……」という主語**で語るとき、それはあくまで、10年間、プロのプロップトレーダーという厳しい世界で生き残った私、「堀江の個人的な見解」だということはご了承ください。

　元プロとして、そして、今も実戦トレードで日々利益をあげ続ける専業投資家として、**個人投資家が株式投資で成功するために必要な極意、ノウハウ、考え方や知識、技のすべて**を本書に注ぎ込みました。

　本書が皆さまの株式投資に対する理解を深め、トレード技術の向上に役立ち、利益の面でも大いに貢献することを願っています。

　大きく稼げる投資家、コンスタントに利益をあげ続けることができる投資家を目指しましょう!

メガ盛「株ドリル」
億を儲けた"鬼神プロトレーダーの技術"全部のせ

CONTENTS

CHAPTER

1

サラダ

SALAD

2023年4月25日、
40万9560円を"いただきます"

———

CHAPTER

2

スープ

SOUP

テクニカルをあざ笑う
「ファンダ盲信派」に飲ませたい"良薬"

———

新NISAの「落とし穴」と "100%たらふく"稼ぎ倒す方法

複雑な味つけはいらぬ!
シンプルなのに稼げる3つの分析法

———

装丁/井上新八
本文デザイン/廣瀬梨江
DTP制作/㈱キャップス
校正/梅津香奈枝
チャート提供/Trading View **TY** TradingView
編集協力/エディマーケット
編集/荒川三郎

CHAPTER
1

サラダ

SALAD

2023年4月25日、40万9560円を "いただきます"

■ 上がっているものを買い、下がっているものを売る

ドリルを始める前に、まず**私の成功トレード**をご紹介しましょう。

本書で紹介する株式投資の考え方が決して机上の空論ではなく、実際に利益をあげるために必要なリアルな手法であることを理解していただきたいからです。

元機関投資家トレーダーを名乗る私は、個人投資家としてもこの10年間稼いできました。

私のトレード手法はプロの時代も個人投資家になってからも、それほど変化はなく、**きわめてシンプル**です。

それは「上がっているものを買い、下がっているものを売る」。

■「下がっているからお買い得」は通用しない

個人投資家には、普段のショッピングと同じ感覚で投資を行ってしまう傾向があります。すなわち、

「下がっているものをお買い得だと思って買う」

「上がっているものを、高過ぎるからいつか下がると思って売る」

という投資行動に陥りがちです。

しかし、買ったあと、株が上がらないと永遠に利益は得られません。

買う前に下がっているものと上がっているもの、どちらを買ったほうがそのあと上がる可能性が高いか。

シンプルにそう考えたら、当然、上がっているものを買ったほうが、今後も上がり続ける可能性が高いと納得できるでしょう。

下がっているものが上がるためには、まず下げ止まる必要があります。下がっているものが下げ止まって、上昇に転じるまでの時間は無駄以外のなにものでもありません。

「安物買いの銭失い」、株式投資ではそんな金銭感覚から脱却することが必要不可欠です。

反対に上がっているものを買えば、上昇の勢いが急激に衰えない限り、買ったあとも上がり続けて、すぐに利益が出た状態になります。

| プロの目 |

「下がっているものをお買い得だと思って買わない」
「上がっているものをこれからも上がると思って買う！」
それがプロ。すぐに利益が出て時間の節約にもなる。
「予想がハズれたら損切り」はどんな場合も絶対ルール。

■ 高値更新で買い、安値更新で利益確定の成功例

　図1の株価チャートは「上がっているものを買う」というシンプルな手法で成功した例です。

　2019年4月1日と3日に、私は産業用ロボットなどに使用される精密減速機を製造する**ハーモニック・ドライブ・システムズ**が直近の高値と過去の高値を超えて上昇したところで2度、買いを入れました。

図1

200日移動平均線

過去の高値

直近高値

買

買

利益
確定

70万7923円の利益

ハーモニック・ドライブ・システムズ　日足　2019年2月〜4月

そして、2019年4月10日、株価が前日（4月9日）のローソク足の安値を割り込んだところで全株を利益確定。

　8営業日の取引で70万7923円の利益を得ることに成功しました。「上がっているものを買う」というのは簡単ですが、「では、どこで買うのか？」という具体的なエントリーポイントに関して判断に迷われる方も多いはずです。

　私の考え方はきわめてシンプルです。

　株価が上昇し続けるためには、直近につけた高値をどんどん更新していく必要があります。**直近高値を更新し続けている**＝株価が上がっていることの証明になります。

　つまり、前につけた高値を超えて上がり続けた地点、そこが買いのエントリーポイントになります。

　図2は、図1のハーモニック・ドライブ・システムズの株価の動きを少し拡大したもの。図の①の**ローソク足**（ローソク足については111ページ以降のドリルを参照）は長い上ヒゲのある陽線ですが、私は信用

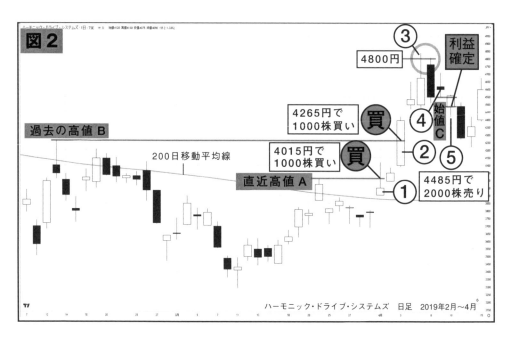

ハーモニック・ドライブ・システムズ　日足　2019年2月～4月

取引口座を使って、その上ヒゲが直近の3月22日につけた直近高値A（4010円）を超えた株価4015円で1000株買いました。

　同社の株の**刻み値**（何円単位で売買できるかという値幅のことで、**呼び値**ともいいます）は5円です。

　私は事前に、「直近の高値4010円まで上昇したら成行買い」という**逆指値の買い注文**（「この価格まで上昇したら、いくらでもいいから買い」という注文方法。通常の「この価格まで下がったら買い」という指値注文の逆）を入れていました。

　その注文が発動されたことで、4010円の一つ上の呼び値である4015円で約定したというわけです。

　その後、上ヒゲで高値から跳ね返されてしまったため、その日の損益は含み損になっています。

　しかし、翌営業日の4月2日に小幅上昇し、4月3日には大陽線②で2月13日に上ヒゲの長い陰線でつけた過去の高値B（4260円）も超えてきました。

　この過去の高値突破に乗って、4月3日に4265円で1000株買い増しました。その後、株価は上昇を続け、4月5日には高値4800円に到達。そろそろ利益確定したいところなので、4800円というキリのいい株価を超えて2度、上ヒゲをつけた③のゾーンで利食うのも一つの考え方です。

　ただ、株価の上昇は始まったばかり。まだまだ上がりそうな雰囲気がありました。

■ 株価が前のローソク足の安値を下回ったら決済

　利益確定に関しても、私の考え方は非常にシンプルです。

　株価がもうこれ以上は上がらないという明確なシグナルといえるのは、その株が高値を更新できず、さらに**直近の安値を割り込んで下落したとき**です。

　つまり、前のローソク足でつけた安値を割り込んで下落し始めたところが、買った株を手放す最も合理的なポイントといえます。

　図2では前の小陰線④の安値を下回って始まった4月10日の陽線⑤

の始値Cがまさにそのポイントでした。

　私は2000株を**寄り付き**（マーケットが午前9時に始まって最初の取引が成立すること）の株価4485円で売却。売買手数料を差し引かれたあと、70万7923円の利益を得ることに成功しました。

　当時のハーモニック・ドライブ・システムズは、信用取引のカラ売りが急増して**「逆日歩」**という臨時の貸株コストが発生していました。信用取引を使って信用買いした投資家は、この逆日歩をプラスの収益として受け取ることができるため、逆日歩の収入2万4900円も70万円超の利益の中に含まれています。

　利益確定前後の値動きとその際の売買記録を示したのが**図3**。

　高値圏で上ヒゲの長い陽線①をつけたあと、その上ヒゲ陽線の上昇の大部分を打ち消す大陰線②が出現。次に大陰線②の値幅の中に収まる小さな陰線③が登場。これは**「陰の陰はらみ」**と呼ばれるローソク足の組み合わせで、底値圏で出たときは下落の勢いが衰えて下げ止まりが濃厚と判断されます。逆に高値圏で出た場合は、下落か上昇かで迷っている

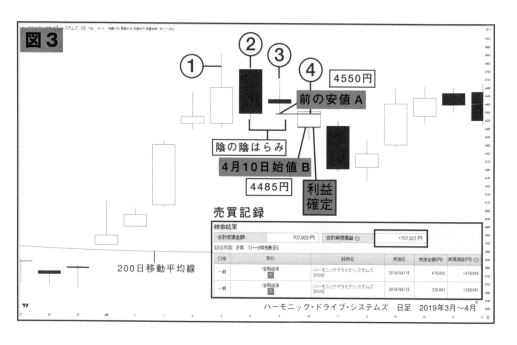

図3 ハーモニック・ドライブ・システムズ 日足 2019年3月〜4月

ような値動きといえるでしょう。ただ、小陰線③の安値は前の大陰線②の安値をまだ下回っていません。そこで、様子見したところ、翌営業日の4月10日に前の安値4550円（A）を大きく下回って始まりました。その始値4485円（B）で利益確定しました。

4月10日のローソク足④は始値から上昇に転じて小陽線で終わっていますが、「その日のローソク足が前のローソク足（小陰線③）の安値を下回ったら、損切りであろうが、利益確定であろうが決済」というのが私のルールですので、この利益確定はまさにルール通りでした。

■ プロはシンプルにルール通りの取引をする

「プロ」というと難しいことをさらに小難しく考えて、素人が「すごい」と驚くような先見の明や「あっ」と驚くような超絶技巧で、派手に大儲けする天才や達人をイメージされるかもしれません。

しかし、私の手法は凡庸で、当たり前で、きわめてシンプルです。

先のことはプロだろうが、個人投資家だろうが、わからないものはわからないのです。少なくとも、私は元プロとはいえ、占い師や超能力者のような才能はないので、**「未来のことは誰も正確にはわからない」**という当たり前過ぎる真実に逆らわないようなルール作りを徹底しています。

図3にもあるように、私が4月10日の始値Bで利益確定したあと、株価は多少ですが反発上昇しました。しかし、翌営業日は大陰線で下落。その後は再上昇しています。

ただ、4月10日の始値Bのあとに下がるか上がるかは誰にもわからない以上、「ローソク足が前のローソク足の安値を割り込んだ」という**上昇停止・下落開始のシグナル**が出た時点でいったん利食いを入れるのが、最も安全で確かなトレード手法だと私は考えています。

正確な未来は誰にもわかりませんが、「こうなる可能性が高い」と思える場面で**勇気を持って素早く、的確に、ブレずにエントリーし、手堅く、確実に、落ち着いて利益を確保する**──。

それが「利益が出ないとクビ、大損したら即、退場」というプロの世界で10年間戦ってきた私のトレードに対する考え方です。

■ 損切りできない人は株式投資すべきではない

「上がっているときに買うと、その後すぐに下がって、**高値つかみ**になってしまうかもしれないから怖い」という人もいるでしょう。

しかし、**予想がハズれたら即、損切りすればいい**だけの話です。

損切りが必要不可欠なのは、下がっている株を買ったら、さらに下がり続けた場合でも同じ話でしょう。

「すでに株価が下がっているから、予想がハズれても、もうそんなに下がらないので損切りする必要がない」という"理屈"で、**割安株投資**を勧める人もいるようですが、下がっている株がさらに半値まで下がったりすることはマーケットでは日常茶飯事です。また、下がり続けている割安株が再び上昇するのを待つぐらいなら、**超割高な株がさらに上がる**ほうに賭けたほうが効率よく儲けられるでしょう。

損切りができないとプロはすぐ売買停止になり、何度も続くとクビになります。**どんな状況でも「危ない」と思ったら損切りする**のがプロのプロたるゆえんです。それができない人はすぐにクビになりますから。

■「長期投資なら損切りしなくていい」は間違い

個人投資家の中には「私は損切りできない。絶対、損切りするのはイヤだ」という方もいるようです。

まず、**損切りができない人は株式投資には向いていない**と思います。元本保証のある銀行預金だけで資産形成したほうがいいでしょう。

よく「長期投資なら損切りなどせず、ずっと保有し続けても大丈夫」という人もいますが、本書で述べるように（97ページ以降のドリルを参照）、**長期投資においても利益の確保や損切りは必要不可欠**です。

少額投資非課税制度「NISA（ニーサ）」の登場で、「投資対象が下落していても、投資し続ければ長期的には勝つ可能性が高い」という"説"がまん延しているようですが、それは間違いだと私は思います。

なぜなら、買ったものが下がっている間はどんなに投資を続けても、損失が膨らむのは自明の理だからです。

　まずは、**自分なりの損切りルール**を決めましょう。

「含み損が10万円を超えたら」「**移動平均線**（137ページ以降のドリルを参照）を割り込んだら」「直前のローソク足の安値を割り込んだら」など、しっかり守れて損失が大きく拡大しないものなら、どんなルールでも構いません。自分なりのルールで粛々と損切りの練習をしてみてもいいでしょう。

　自分の判断が間違っていたらすぐに認めて損切りして、その判断に引きずられることなく、新たな気分で相場と向き合う――。

　それこそが、株価の値動きから何度もチャンスを見つけて、利益を積み上げるために必要な投資行動です。

■「安値更新で売り」のCFD成功トレード

　私は買いだけでなく、**信用取引のカラ売りや先物取引の売り**を駆使することで相場の下落局面でも利益を得ています。

　また、**日経平均先物**など株価指数先物取引のほか、**CFD**（Contract for Difference：差金決済取引）や**FX**（Foreign Exchange：外国為替証拠金取引）など、投資する資金に**レバレッジ**をかけることで大きな投資金額を動かす取引も頻繁に行って、資金効率よく稼いでいます。

　CFDで取引するのは、米国のハイテク株指数のNASDAQ100（※）など世界の株価指数です。

　CFDの取引にはGMOクリック証券を利用しています。別に宣伝するわけではありませんが、GMOクリック証券のCFDは買値と売値の価格差（**「スプレッド」**といいます）が狭く、売買手数料もかからず、非常に取引しやすい点が魅力です。

　次ページの**図4**の上部の画像は、中国株の代表的株価指数である香港ハンセン指数の先物価格に連動した同社の**「香港H」**というCFDの売買記録です。

※米国のハイテク株が集まるNASDAQ（ナスダック）市場の、時価総額が大きな上位100銘柄の値動きを指数化したものです。NASDAQ100のほか、NASDAQ市場の大半の銘柄の値動きを指数化した「NASDAQ総合指数」という株価指数もあります。

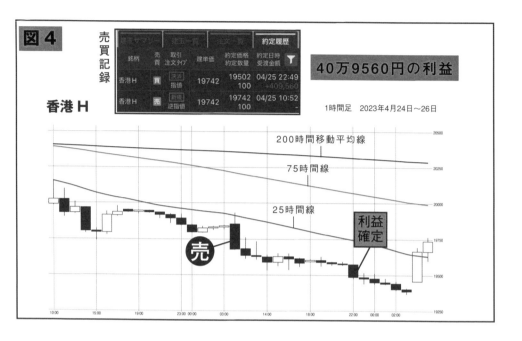

図4 売買記録 香港H

40万9560円の利益

1時間足 2023年4月24日〜26日

2023年4月25日の10時52分に1万9742香港ドルで100単位の売りを逆指値注文で入れ、4月25日の22時49分に1万9502香港ドルで買い戻しの指値決済を行い、約12時間で**40万9560円**の利益になりました。売り注文なので、CFDの価格が下がれば下がるほど利益が増えます。

利益の計算方法は、{新規売り価格1万9742 − 買い戻し価格1万9502 ＝ 240（香港ドル）} × 2023年4月25日の香港ドル円の為替レート（終値は1香港ドル＝約17円）× 100単位＝約41万円となります。

図4の下の株価チャートは、売買を行った4月25日の香港Hの1時間足チャートと売買ポイントです。

逆指値の売り注文を入れたのは、右ページの**図5**に示した日足チャートで前営業日4月24日のローソク足の下ヒゲ（安値A）が位置するポイント。

この下ヒゲを下に割り込んだら安値更新なので売りが加速するだろうという読みでした。

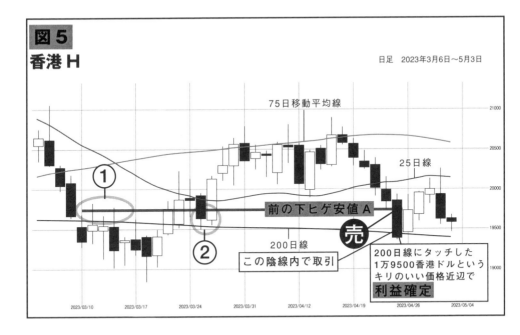

図5の日足チャートで見ると、香港HのCFD価格は、上値の75日移動平均線にトライしたものの抜け切ることができず、そこから連続6本の陰線で下落しています。4月25日10時52分、香港HのCFD価格が前の下ヒゲ安値Aに到達し、私の売りの**逆指値注文**は1万9742香港ドルで約定しました。

■ 私が逆指値注文を新規の売買で使う理由

逆指値注文は通常、買いポジションを持ったあと、予想に反して下がって損切りしたいとき、「この価格以下まで下げたら売り決済」という形で入れることが多い注文方法です。

しかし、私の場合、最初に紹介したハーモニック・ドライブ・システムズの買いエントリーでもそうでしたが、トレードのきっかけになるのは「高値を超えたら買い、安値を割り込んだら売り」であるケースがほとんどです。

そのため、「この価格を超えてさらに上がったら買い」「この価格を下

回ってさらに下がったら売り」という逆指値注文で、新規の買いや売りの注文を入れることが多くなります。

■ 過去の高値・安値や移動平均線を参考に売買判断

図5を見ると、4月24日の小陰線の下ヒゲが位置する価格帯は、過去にも何度か上ヒゲをつけて上げ渋ったり（①のゾーン）、陰線の下ヒゲで割り込んだあと大陽線で切り返したり（②のゾーン）、値動きの抵抗帯や支持帯になっていることがわかります。

このように、チャートを見るときは、直近の値動きの近くに、**過去の高値や安値などが複数、重なっている価格帯**がないかを探すことが大切です。そういった価格帯が**株価の節目**となって値動きに影響を与えることが多いからです。

また**株価と移動平均線の位置関係や移動平均線の傾きや並び**に注目することも大切です。

図5の日足チャートでは、75日線を上に抜けられずに下がり、その下にあった25日線も完全に割り込み、さらに下には横ばいの200日線が位置していました。

こういった場合、いったん200日線まで下げて、「そこをさらに割り込むか、それとも200日線で下げ止まってまた上げに転じるか」を試すような値動きになることが多いのです。

売りでエントリーしたあとは、読み通りに下落が続きました。

私は日足チャートで200日線が位置している、キリのいい価格の1万9500香港ドルに指値の買い決済注文を入れて、リアルタイムで値動きをずっと見続けることなく放置しました。

その結果、22時49分に1万9502香港ドルで決済買いの指値注文が約定。

40万9560円の利益を得ることができました。

■ プロはシンプル・イズ・ベストを目指す

どうでしょうか。この取引を見ても、プロだった私がそれほど難しく

考えて取引していないことがおわかりいただけるでしょう。

　移動平均線を見て、相場が下落方向に進む予測を立て、25日線を下回って下落が加速しそうになったところで、前日の安値更新を頼りに売りエントリー。

　その後、予想通りの値動きになったので、下値に位置する200日線近辺のキリのいい価格で利益確定しただけ。

　非常に単純明快に、株価が下落する値動きの一部から利益を切り取っただけのトレードです。

　このように、実際のトレードに関しては、プロのほうが逆にシンプルに、難しく考えないことが多いと思います。

　特に短期売買は勢いが大切で、その勢いに関しては難しく考えても答えは出ません。実際に株価を見て「勢いがついていそうだな、その勢いがここまでは持続しそうだな」と、直感的に判断できるときのほうが実際に予測通りに動きやすいのです。

●買いの場合は前の高値を超えて上昇したところで買う。どの高値を更新したところで買いを入れるかは「日足チャート上の前のローソク足の高値」や「過去の値動きでつけた直近の最高値」などトレードの時間軸によってさまざま。
●売りの場合は前の安値を下回って下落したところで売る。

■ 強く大きなトレンドから利益を得たFXの成功例

　上がっているものを買い、下がっているものを売る、というシンプルなトレード手法は、「大相場」といわれるような強いトレンドが発生したときに特に大きな利益をもたらします。

　次ページの**図6**は、少し古い例になりますが、2019年1月3日、新年早々に円相場が急騰したときに取引した4通貨ペアのそれぞれの値動

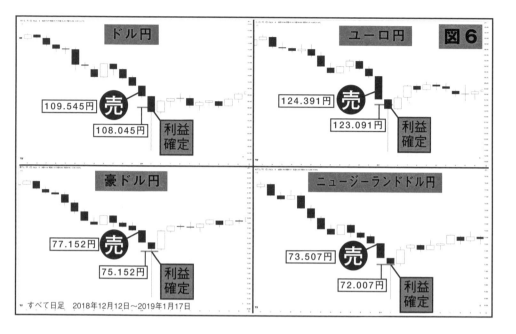

すべて日足　2018年12月12日～2019年1月17日

きと売買ポイントです。

　新年1月3日ということもあって、日本のFX投資家の多くはプロも含めて、まだ正月休みでした。

　そんな中、相場急変動が発生。ドル円に関しては、2019年1月3日午前7時30分前後のわずか5分足らずで、1ドル108円から104円台まで、為替レートが約4円も急落しました。

　こういった瞬間的な相場の下落は「フラッシュ・クラッシュ」と呼ばれ、コンピュータを使った高速のアルゴリズム取引が引き金になるといわれています。

　新年で売買が薄い中、買いポジションを保有していた投資家が損切りのために入れていた売りの決済注文が次々に約定したことで、売りが売りを呼ぶ相場急変動に拍車がかかりました。

　私は前日2019年1月2日にドル円、ユーロ円、豪（オーストラリア）ドル円、ニュージーランドドル円をそれぞれ50万通貨ずつショート（売り）しており、下値に利益確定の買いの指値注文を入れていました。

図7		取引		銘柄名	受渡日	受渡金額(円)	実現損益(円)
売買記録		FXネオ決済 買		EUR/JPY	2019/01/03	650,000	+650,00
		FXネオ決済 買		NZD/JPY	2019/01/03	750,000	+750,000
		FXネオ決済 買		USD/JPY	2019/01/03	750,000	+750,000
		FXネオ決済 買		AUD/JPY	2019/01/03	1,000,000	+1,000,000

《決済取引明細》

注文番号	約定日時	通貨ペア	取引	売買	約定数	約定単価	約定金額	取引損益	通貨	円換算レート	取引損益(円)
1901022190764247000302	19/01/02 22:06:00	EUR/JPY	新規	売	500,000	124.391	62,195,500.00				
1901022190764247000303	19/01/03 07:32:47	EUR/JPY	決済	買	500,000	123.091	61,545,500.00	+650,000.00	JPY	1	+650,000
1901020790764247000282	19/01/02 10:47:32	NZD/JPY	新規	売	500,000	73.507	36,753,500.00				
1901021190764247000293	19/01/03 07:34:51	NZD/JPY	決済	買	500,000	72.007	36,003,500.00	+750,000.00	JPY	1	+750,000
1901020790764247000279	19/01/02 09:05:44	USD/JPY	新規	売	500,000	109.545	54,772,500.00				
1901020990764247000284	19/01/03 07:35:29	USD/JPY	決済	買	500,000	108.045	54,022,500.00	+750,000.00	JPY	1	+750,000

《決済取引明細》

注文番号	約定日時	通貨ペア	取引	売買	約定数	約定単価	約定金額	取引損益	通貨	円換算レート	取引損益(円)
1901020790764247000281	19/01/02 09:31:22	AUD/JPY	新規	売	500,000	77.152	38,576,000.00				
1901020990764247000286	19/01/03 07:35:38	AUD/JPY	決済	買	500,000	75.152	37,576,000.00	+1,000,000.00	JPY	1	+1,000,000

　それらが翌日の1月3日朝7時30分過ぎから次々と約定。

　その結果、ドル円は75万円、ユーロ円は65万円、豪ドル円は100万円、ニュージーランドドル円は75万円、**合計315万円の利益**を得ることができました。

　図7は、その売買記録です。

　ドル円は、2019年1月2日9時5分44秒に1ドル109.545円で50万通貨を売って、2019年1月3日7時35分29秒に108円ちょうどの指値買いの決済注文に対して、108.045円で約定しています。

　その後、わずか数分間で104円台後半まで急落したので、もっと下値に利食いの指値注文を入れていたら、**総額1000万円**近く儲かったかもしれません。さすがにそこまで円が急騰するとは思っていなかったので、大きな利益を逃しました。

　ただ、そうはいっても新年早々、**「下がるものは下がる。商いが薄い新年早々の相場ではその傾向が強い」**という読みを入れたうえでの会心のトレードになりました。

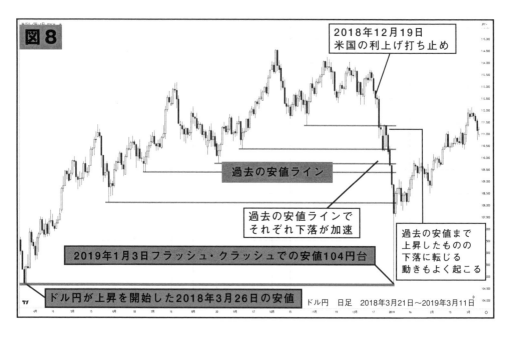

図8

2018年12月19日
米国の利上げ打ち止め

過去の安値ライン

過去の安値ラインで
それぞれ下落が加速

過去の安値まで
上昇したものの
下落に転じる
動きもよく起こる

2019年1月3日フラッシュ・クラッシュでの安値104円台

ドル円が上昇を開始した2018年3月26日の安値

ドル円　日足　2018年3月21日〜2019年3月11日

　少し難しい**ファンダメンタルズ（経済情勢）**の話をすると、この2019年年初の円急騰・外貨暴落の背景には、2015年12月から始まった米国の中央銀行にあたるFRB（連邦準備制度理事会）による利上げサイクルがトランプ政権下の米中貿易摩擦の悪影響もあって、そろそろ打ち止めになりそうだったことがありました。

　実際、打ち止めになり、2019年7月には利下げに転じています。

　為替相場は**2か国間の金利差**で動きます。

　米国の利上げが打ち止めになると、日米の金利差がこれ以上拡大しないことになるので、円高・ドル安要因になります。

　直接的には、2019年1月2日夜に、米国アップルのティム・クックCEOが、中国でのiPhone販売の落ち込みで2019年1-3月期の予想売上高を下方修正すると発表したことが、外国為替市場の急変動の直接の引き金になったようです。

　図8は2019年1月3日にフラッシュ・クラッシュが発生する前後のドル円の長期的な日足チャートです。

　2018年12月18日〜19日に開催された米国の政策金利を決める
FOMC（連邦公開市場委員会）をもって、**米国の利上げが打ち止め**に
なって以降のドル円の値動きを見ると、過去の安値を更新して下落が加
速する場面が頻繁に登場しています。

　フラッシュ・クラッシュでつけた安値104円台はちょうど2018年3
月26日につけた、2018年4月以降のドル円上昇相場の起点となる安値
です。図8でもわかるように、**「安値を更新することが下落相場であ
り、高値を更新することが上昇相場」**であることは過去の値動きからも
明らかです。

■ トレンドの加速と反転は最もおいしい “ごちそう”

　2019年新年に発生した為替相場のフラッシュ・クラッシュのように、
一つのトレンドが最後に大きく加速する瞬間は、ある意味、最も短期間
で素早く大きな利益が稼げる、非常においしい場面です。

　私も個別株や株価指数、外国為替の値動きを観察しながら、虎視眈々
とその瞬間を狙っています。

　テクニカル分析の始祖といわれる米国の**ウィリアム・ギャン**は値動き
の角度に注目し、**長期的なトレンドは45度の角度を維持する**と考えま
した。その理論に影響され、私は次ページの**図9**のようなイメージで
上昇や下落の値動きをとらえ、その動きに乗ることを狙っています。

　要するに、**「安く買って、高く売る」**という戦略では、どうしても値
動きの勢いから取り残されてしまうことが多いのです。

　実際の相場では、**「高く買って、さらに高く売る」**という発想を持っ
たほうが成功しやすいということです。

　図9の左の図のようなトレンド加速に乗るのはかなり高度なテクニッ
クや反射神経が必要になりますが、最後の急騰（急落）とその直後の値
動きの反転で**ドテン売買**（買いから売り、売りから買いへ売買の方向性
を180度かえること）して儲けるのが、プロからすると、最もおいしい
取引になります。

　逆に図9の右上の図のように、上昇や下落の角度が鈍化していくパタ

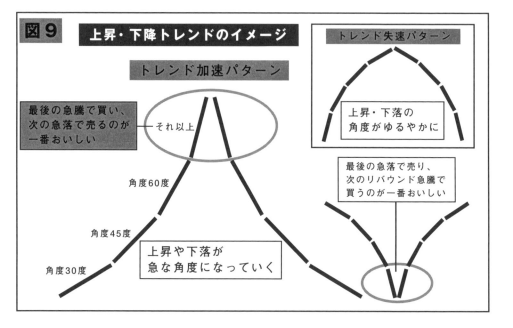

図9 上昇・下降トレンドのイメージ

トレンド加速パターン

最後の急騰で買い、次の急落で売るのが一番おいしい

それ以上

角度60度

角度45度

角度30度

上昇や下落が急な角度になっていく

トレンド失速パターン

上昇・下落の角度がゆるやかに

最後の急落で売り、次のリバウンド急騰で買うのが一番おいしい

ーンも頭に入れておいたほうがいいでしょう。

■「押し目買い」「戻り売り」にも注意が必要

　一般的な株式投資の教科書では最高の株の買い方とされる**「押し目買い」**や**「戻り売り」**も、私はそれほどお勧めしていません。

　押し目買いは、上昇トレンドがいったん調整して安くなったところで買うという手法です。その場合も上昇トレンドが調整した（押し目をつけた）あと、直前につけた高値を超えるまで株価が上昇するのを待って、初めて買いだ、と思っています。

　私の投資成功例と投資哲学を簡単にご理解していただいたところで、元プロの私の経験や知識を"メガ盛""全部のせ"にした株式ドリルへ移りましょう。

　最後までじっくり解いていただければ、皆さんの株の実力がメキメキ向上するはず、と私は確信しています。

　どうか楽しみながら、株ドリルに挑戦してみてください。

スープ

SOUP

テクニカルを
あざ笑う
「ファンダ盲信派」に
飲ませたい"良薬"

■ 株式投資の出発点は銘柄選び。 上がる株は？

東京証券取引所（以下、東証と略します）には2023年6月2日時点で3881社の企業が上場しています。膨大な数の企業から「どの銘柄に投資するか？」を選ぶのはとても難しい作業です。業績のいい株、急成長が続いている株、高額な株主配当金がもらえる株などタイプはさまざま。大きな会社か小さな会社か、規模にも違いがあります。

そこでまずは「どんな銘柄を選ぶと株価が上昇しやすいか」についてのドリルを作りました。

第1章でも見たようにプロと違って、個人投資家は自分のお金で、自分のペースで、自分流に投資を続けることができます。プロのようにノルマに追われることはないにせよ、儲けるためには、しっかり、的確に銘柄選びをする必要があります。

POINT!!

プロ…短期間で利益を出す必要あり。利益が出ないとクビ。

個人…投資の時間軸はさまざま。ただし、将来、値上がりする株を買いたい、値下がりする株は買いたくないのはプロと同じ。

■ プロは値動きから見て上がりそうな株を選ぶ

時間に追われながら結果を出さなければならないプロは、どのように銘柄選びをするのか。たとえ業績がいい企業でも、株価が上昇しないことには利益を得られません。そのため、プロはこれまでの株価の値動きから見て、今後、値上がりしそうな株を買うことに全精力を注ぎます。

では、どんな株が値上がりしやすいのか。ドリルを解きながら、この難問に対するプロの視点や考え方を学んでいきましょう。

・儲かる株

「どの株を買ったら儲かるの?」、プロの答えは?

①	②	③
有名な企業の株	高配当利回りの株	株価の上昇が続いている好業績株

!!ヒント!

　上場企業は「大型株、中型株、小型株」というように会社の規模によって分類されます。有名な企業は大型株に多く、経営も安定しているので株価の安定的な上昇が期待できます。一方、株式投資で得られる利益には、値上がり益に加え、その企業が稼いだ利益の一部を株主に分配する「株主配当金」もあります。「1株当たりの株主配当金÷株価」は「配当利回り」と呼ばれ、銀行預金の利息のように配当利回りの高い株を選ぶのも一つの考え方です。有望な投資対象とされる株にはほかにも「好業績割安株」(業績に比べて株価が安い株)、「成長株」(売上高・利益が毎年20%以上成長し続けているような株)、「連続増配株」(株主配当金を毎年増額している企業の株) など多彩な切り口がありますが、すべてに共通している条件があります。それはなんでしょう?

A 01 ③株価の上昇が続いている好業績株

　株を始めたばかりの投資初心者は「具体的にどの株を買ったら儲かるの？」と他人に聞くことが多いようです。

　確かに、トヨタ自動車やソニーグループといった①の有名な企業の株を買っていれば、会社が倒産したり、株価が半値以下まで下がったりするリスクは避けられるかもしれません。

　空前の低金利が続く今、年率4〜5%の配当利回りも珍しくない②の高配当利回りの株も人気です。ただ、配当利回りは「1株当たりの株主配当金÷株価」で計算されます。高配当株の中には、分子の配当金が増額されているのではなく、**分母の株価が下落**することで配当利回りが高くなっている"ニセ"高配当株も多いので注意が必要です。そんな株を「銀行預金より利回りがお得」と買ってしまうと、どんなに高配当でも株価の値下がり損でトータルするとマイナスになりかねません。

　そういう意味で、プロが「儲かる株」と唯一いえるのは**③の株価の上昇が続いている好業績株**になります。株価が上昇しているのは、マーケットの中に、その企業が有望でもっと株が上がると思っている投資家が多いことを意味します。それに加えて、業績が好調なら、株価が値下がりするリスクを抑えられます。

　では、株価の上昇と業績のどちらが重要かといえば、間違いなく**株価上昇**です。個人投資家の中には下がっている好業績株を見て、「この企業は業績もいいから、もっと評価されていいはず」と買う人もいます。しかし、その企業の株価が高いか安いかを決めるのは、あなたではなくマーケットです。どんなに有名でも高配当でも好業績でも、株価が下がっていては意味がありません。株価の銘柄選びに困ったら、まずはさまざまな銘柄の過去の株価の値動きを記録した**「株価チャート」**を見て、株価がずっと上がり続けて**「上場来高値」**（株式上場後につけた最高値）を更新し続けているような銘柄を狙ってみましょう。現在の株価が最も高いのは、マーケットが過去最高の評価を与えている証拠です。

Q 02 ・株価の割高・割安

プロなら①〜③の株のどれを買う？

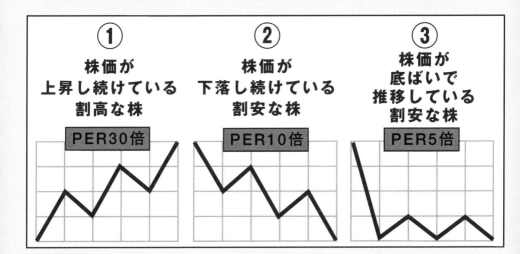

①	②	③
株価が 上昇し続けている 割高な株	株価が 下落し続けている 割安な株	株価が 底ばいで 推移している 割安な株
PER30倍	PER10倍	PER5倍

！ヒント！

!!

　現在の株価がその企業の業績や財務に比べて、高いか安いかを測るものさしのことを「株価指標」といいます。最も有名な株価指標「PER」（Price Earnings Ratio：株価収益率）は、「株価÷その企業の１株当たり当期純利益」で計算します。たとえば、PER10倍の株を10年間保有し続ければ、その企業のあげる利益で現在の株価のモトがとれるので割安、というふうに考えることもできます。一方、PERはその企業の利益成長に対する投資家の期待値ともいえます。現在はPER100倍で超割高な株も、将来的に利益が10倍に増えればPERは10倍まで低下するからです。そんな急成長を期待する投資家が多ければ、PER100倍の水準まで株が買われてもおかしくないのです。

A 02 | ①株価が上昇し続けている割高な株

　個人投資家はスーパーで特売品を買うように、株価が下がっている株を**お得感や割安感**で買ってしまいがちです。

　確かに、今日の夕飯の材料として使うだけなら、同じキャベツでも安いキャベツを買ったほうが家計は助かります。しかし、買ったキャベツをまた誰かに売って、差額を利益にかえるのが株式投資です。

　プロの考え方はシンプル、と冒頭で述べましたが、それが端的に表れているのは**株の買い方**です。多くのプロは、①の**株価が上昇し続けている割高な株**を好んで買います。

　マーケットには、数え切れないほど多数の投資家が買い物に訪れ、「この株はいくらなら買う」「あの株はもっと安くならないと買わない」と、株に値段をつけて売買を行っています。株価は、マーケットがつけたその企業に対する評価や期待値であり、**通信簿**のようなもの。評価の裏には好業績や高配当、成長性、経営力など、さまざまな評価基準がありますが、それらすべてを加味した**総合的な採点結果が株価**なのです。

　つまり、株価が上昇している銘柄こそが、業績、財務、将来性などから見て「いい会社だ！」と認められた企業であり、自分の買値より高い値段でほかの投資家に買ってもらえる可能性の高い株です。

　株式投資の教科書には、株価が安いか高いかを測るものさしとして**PER**という株価指標がある、と書かれています。「PER10倍以下なら割安でお買い得」といったことをいう人もいます。しかし、私は「PERが低いから割安」という理由で株を買ったことは一度もありません。

　PERは企業に対する投資家の**期待値**です。その企業のあげる利益が今後どんどん伸びていくと投資家が期待していれば、PERが30倍、40倍……と割高になっても不思議ではありません。PERや**PBR（株価純資産倍率）**など株価の割安度を測る指標がもてはやされる相場展開になることもあるので一概にはいえないですが、少なくともPERやPBRだけで銘柄選びをするのはやめたほうがいい、と私は思います。

・株価と業績①

図はある企業の株価と業績の推移。このあと、株は上がる？　下がる？

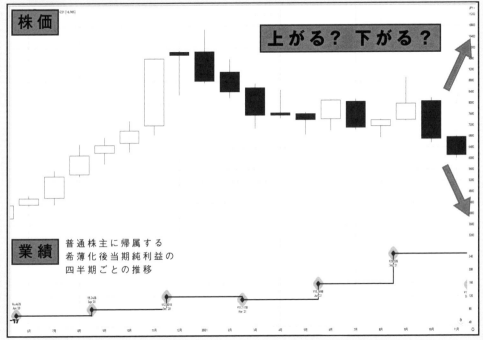

|ヒント|

　図の上部は株価の推移（月足チャート）です。その下の業績は四半期ごとの普通株主に帰属する希薄化後当期純利益（普通株式以外の転換証券による希薄化を加味した普通株主に帰属する当期純利益のこと。以下、単に当期純利益と呼びます）の推移です。この会社の場合、当期純利益は毎四半期、ほぼ着実に増えていますが、株価は値下がりしています。

　問題の図は、医療従事者向けの SNS サービスを展開する**エムスリー**の 2020 年 6 月〜2021 年 11 月の月足チャートと四半期当期純利益の推移です。期間中、エムスリーの業績は右肩上がりでしたが、株価は2021 年 1 月にピークをつけ、2021 年 11 月まで 11 か月間にわたって下落しています。その後のエムスリーの株価と当期純利益の推移が下の図。

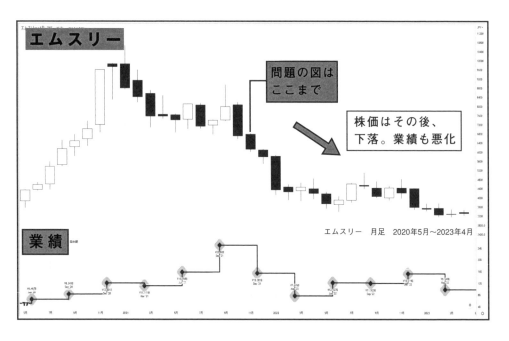

エムスリー

問題の図は
ここまで

株価はその後、
下落。業績も悪化

業績

エムスリー　月足　2020年5月〜2023年4月

　ネットを使って医療情報の提供を行うエムスリーは、2020 年以降の新型コロナウイルス感染症（以降、単にコロナと略します）のまん延で、遠隔医療の普及が進むという期待感から株価が急上昇しました。しかし、2021 年後半にはコロナ特需の剝落（はくらく）で業績も悪化。2022 年以降は世界的な物価高で欧米の中央銀行がハイペースな利上げ政策を行ったことで、エムスリーのような**株価が割高な成長株は不人気**になりました。

・株価と業績②

図は年初来高値を更新中の企業の株価と業績の推移。このあと、株は上がる？　下がる？

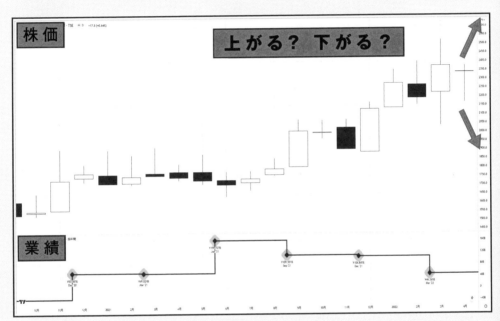

|ヒント|

　この会社の場合、四半期当期純利益が増益に転じたあとも株価は横ばい（図の左側）で推移していました。その後、図の右側では、四半期当期純利益が減少傾向ですが、前年度に比べると大幅に回復しており、株価は年初来高値（その年の最高値）を更新しながら上昇しています。四半期当期純利益については季節要因などもあるため、直前の四半期より前期の同じ四半期（前年同四半期）と比べることが大切です。

A
04 | このあと、株は上がる

　問題の図は、損害保険会社大手の**東京海上ホールディングス**の2020年10月〜2022年4月の月足チャートと四半期当期純利益の推移です。期間中、同社の業績はコロナによる保険の対面販売不調から回復に転じ、海外の資産運用収益が好転したこともあって高止まりが続いていました。2022年3月期の当期純利益は四半期ベースで見ると減少しているように見えますが、通期（1年間）で2021年3月期と比べると2.6倍近い大幅増益でした。2022年4月以降は米国債など海外の長期金利が上昇。保険業に属する企業は、金利が上昇すると顧客から預かった保険料の運用収益が向上するため、**人気化**しやすくなります。そのため、下の図にあるように、株価はさらに大きく上昇しました。

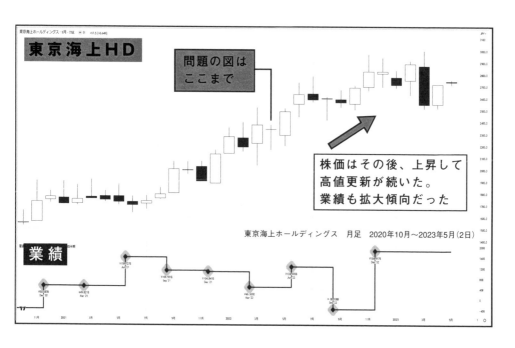

東京海上ホールディングス　月足　2020年10月〜2023年5月（2日）

・株価と業績③

図はある企業の株価と業績。
このあと、株は上がる？　下がる？

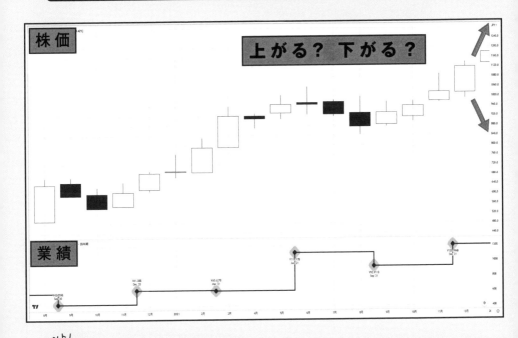

!ヒント!

　　Q3やQ4はある意味、"ひっかけ問題"でした。株価と業績の関係は「業績がよければ株は上がる、悪ければ下がる」という正比例が一般的です。この会社のように、株価と業績がともに右肩上がりで順調に上昇していくのが基本形といえるでしょう。ただ、株価と業績のどちらが先かというと株価ですので、「株価が上昇している企業はその後、業績もよくなる」「株価が下落している企業はその後、業績も悪くなる」というのが正解なのかもしれません。

　問題の図は、大手商社の**丸紅**の2020年8月〜2021年12月の月足チャートと四半期当期純利益の推移です。同社の業績はコロナ禍で原油、非鉄金属などの需要が激減した2021年3月期から、コロナの規制緩和による経済再開で資源、穀物価格が急騰した2022年3月期にかけて大幅に回復しました。株価もそれを先取りするかのように上昇しています。

　また2020年8月には、「投資の神様」と称される米国の**著名な投資家、ウォーレン・バフェット氏**が同社をはじめ日本の5大商社株に巨額投資をしていることも明らかになり、株価上昇に拍車をかけました。その後の丸紅の株価と当期純利益の推移は下の図のようになりました。

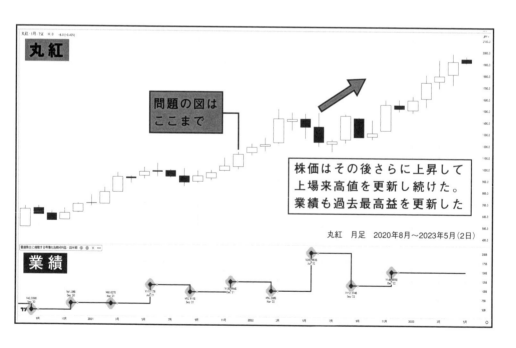

丸紅　月足　2020年8月〜2023年5月（2日）

問題の図は
ここまで

株価はその後さらに上昇して
上場来高値を更新し続けた。
業績も過去最高益を更新した

　2022年2月にロシアがウクライナに侵攻して以降、原油や穀物など資源価格はさらに高騰し、海外に多数の穀物権益を持つ丸紅の業績は**過**

去最高益を更新するほど絶好調で推移しました。そのため、株価もうなぎ登りに上昇し、2023年に入ってからも上場来高値を更新する躍進が続いています。

　丸紅のように、業績も過去最高、株価も過去の最高値更新という銘柄こそ、プロから見て最も投資したい株といえます。

　さらに、株式投資では**ブランド**も大切です。「オマハの賢人」とも呼ばれ、世界中の投資家から崇拝されているウォーレン・バフェット氏が日本の5大商社株を長期保有し続け、買い増しを検討していることも丸紅の株価が今後も安泰と考えていい大きな理由の一つでしょう。

■ 株式投資が美人投票といわれる理由

　著名な経済学者で株式投資でも成功を収めたジョン・メイナード・ケインズは「**株式投資は美人投票で誰が一番になるかを予想するようなもの**」といいました。つまり、「あなた自身がどの会社をいい会社と考えているか」ではなく、「マーケット全体が『どの会社をいい会社だと考えているか』を考えること」が重要なのです。あなた自身は美人評論家というより、アンケートの集計係のようなものです。

　そして、その際、参考になるのはやはり業績より株価でしょう。株価が上昇しているのは「今の株価よりも高い値段でもその株を買いたい」という投資家がたくさんいる証拠です。「この株が美人」という投資家の投票が続いている限り、株価の上昇が続くことになります。

|プロの目|

●株式投資は美人投票。空気を読むことが大切。
●株価はその会社の通信簿。上がっているほうが優秀。
●もちろん業績も株価も両方、右肩上がりの株が一番。
●好業績でも株価が下がっている株は買う必要がない。

「その株を買いたい」という投資家の買いが、「株が上がったので持ち

株をそろそろ売りたい」という投資家の売りを上回り、**多くの投資家が**
さらに高値を買いにいくからこそ、株価の上昇が続くのです。

■ 株価も業績も右肩上がりの企業がベスト

　最も理想的な投資対象は、丸紅のように、株価も上がっていて業績も
絶好調な企業です。好業績なのに株価が下がっていたり、業績は悪いの
になぜか株価だけが上がっていたりするような銘柄を追いかける必要は
ありません。たとえば、下の図は世界一の企業で、同じくウォーレン・
バフェット氏が大量保有する**アップル**の年単位の株価と当期純利益の推
移です。2005年の年初から2023年5月までの約18年半で、アップル
の株価は**145倍以上**に値上がりしています。一方、当期純利益も順調
に増えて2005年から2022年12月末にかけて**約75倍**まで増加。株価
のほうが業績よりも2倍近く上昇していますが、株価も業績も順調な右
肩上がりが続く企業を探して、長期投資するのが株式投資の王道です。

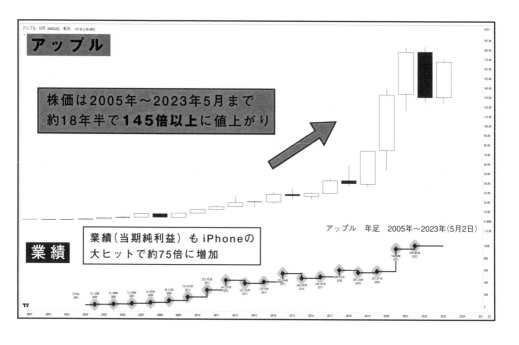

・トレンドと業績

①～④のうち プロが買いたいと思う株を 順番に並べてください

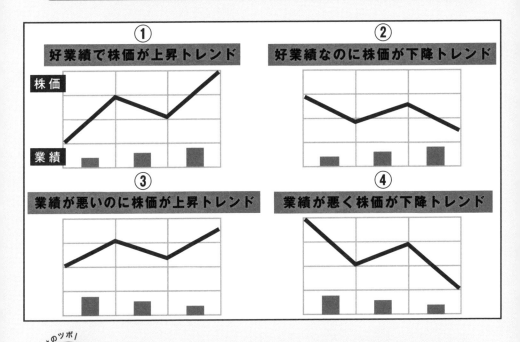

① 好業績で株価が上昇トレンド

② 好業績なのに株価が下降トレンド

株価

業績

③ 業績が悪いのに株価が上昇トレンド

④ 業績が悪く株価が下降トレンド

儲けのツボ！

　株価の値動きの全体的な方向性を「トレンド」といいます。当然、株価が右肩上がりで推移する上昇トレンドの銘柄を買ったほうが儲かる確率は高くなります。株価が上昇する最大の要因は、その企業の業績がさらによくなるだろうという投資家の期待感です。ただ、全体相場が良好だったり、悪材料が出尽くして、今後は少し業績が改善するだろうと思う投資家が増えたりすると、業績が悪くても株価は上昇します。

A 06 ①＞③＞②＞④の順でプロは買いたい

　プロが買いたい株は、とにかく株価が上昇し続けている株です。

　むろん、業績が好調で毎年、売上高や利益がどんどん成長している企業なら、なおさら買いたいと思います。

　よって、①の**好業績で株価が上昇トレンドの株**を買うのが、個人投資家にとってもベストチョイスといえるでしょう。

　一方、②の好業績なのに株価が下降トレンドと③の業績が悪いのに株価が上昇トレンドのどちらを買うかについては迷われるかもしれません。

　②のように好業績なのに株価が下がっている株には、今後、業績が悪化するのではないかという投資家の見通しや、好業績が続いているといっても成長性の乏しい業種や業態に属しているので今後の企業の成長にそれほど期待できないといった理由があると思われます。

　また、すでに株価が上昇している場合、いかに好業績を発表しても、投資家の期待以上の数字でなければ、**材料出尽くし**、好材料は株価にすでに**織り込み済み**といった理由で売られてしまうこともあります。

　そのため、私なら②よりも、③の業績が悪いのに株価が上昇トレンドの株を優先して買うでしょう。③は、今のところ業績が悪いけれど、今後は好業績に転じる、もしくはこれ以上悪くはならないという評価があるからこそ、株価が上昇しているわけです。

　ちなみに、今後の株価にとって最も重要なのは過去の業績ではなく、**将来の業績**です。企業の業績を分析するときは、**「決算短信」**などに記載されたその会社自身が発表する今期（通期や中間期）の**業績予想（「会社予想」**といいます）や『会社四季報』の今期と来期の**2期予想**、企業分析のプロであるアナリストの業績予想の平均値（**「コンセンサス」**といいます）などを参考にしましょう。当然ですが、④の業績が悪く、しかも株価が下降トレンドの株は、いかに株価が割安でお買い得に思えても、手を出すべきではありません。「今後、もっと業績が悪くなる」と投資家が考えているからこそ、株価が下落しているわけですから。

・2つの株の分析法①

株価チャートと業績、株で損しないためにより重要なのはどっち？

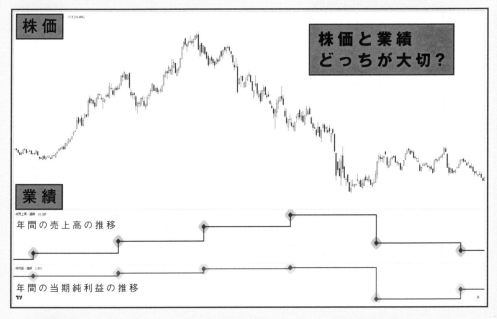

| ヒント！|

　図はトヨタ自動車の過去のある期間の週足チャート、その期間の通期の売上高と当期純利益の推移です。株式投資の世界では、株価は長い目で見れば、業績に収れんするので企業業績の分析が必要という考え方があります。一方、株価には常に最新の情報が織り込まれるので、株価だけを見ていれば十分という考え方もあります。そのうえで図を見ると、興味深いことが起こっています。それはなんでしょう？

A 07 | 株価チャート

■ ファンダメンタルズ分析とテクニカル分析

　株式投資で有望株を見つける分析方法には、**ファンダメンタルズ分析**と**テクニカル分析**の２つがあります。

　有望な個別株を見つけるためのファンダメンタルズ分析としては、決算書などを見て、その企業の業績の推移を調べるのがポピュラーです。

　一方、テクニカル分析では、その企業の株価チャートにさまざまなテクニカル指標を表示して、チャートの形や**テクニカル指標の売買シグナル**を頼りに株の買い時・売り時を判断していきます。

■ リーマンショック前後のトヨタ自動車の業績変化

　問題の図は、2005年1月〜2010年7月までの**トヨタ自動車**の週足チャートと業績（通期の売上高と当期純利益）の推移を示したもの。

　期間中の2008年9月には、100年に1度の金融危機といわれた**「リーマンショック」が発生**し、トヨタ自動車の株価も暴落しました。

　一方、トヨタ自動車の当期純利益（連結決算。以下同）は2005年3月期が前期比ほぼ横ばいで、その後2008年3月期まで3期連続で増益が続き、2008年3月期の当期純利益は1兆7178億円に到達。当時の過去最高益を更新しています。トヨタ自動車のホームページの「決算報告アーカイブズ」で確認すると、2008年3月期の決算説明会プレゼンテーション資料には、「売上高から当期純利益まで、**全ての項目で過去最高を記録**」と書かれています。

　しかし、2008年9月にリーマンショックが発生して米国の住宅バブル崩壊が100年に1度レベルの金融危機につながったことで、トヨタ自動車の業績も急激に悪化します。

　2009年5月8日に発表された2009年3月期の決算では、売上高が前期比マイナス21.9%と空前の落ち込みを記録。営業利益と当期純利益は

ともに赤字転落しました。

2008年3月期と2009年3月期の業績を比べてみました。

● **2008年3月期決算（連結）**

売上高　26兆2892億円（前期比9.8％増）

営業利益　2兆2703億円（前期比1.4％増）

当期純利益　1兆7178億円（前期比4.5％増）

● **2009年3月期決算（連結）**

売上高　20兆5295億円（前期比21.9％減）

営業利益　マイナス4610億円（赤字）

当期純利益　マイナス4369億円（赤字）

■ 業績悪化よりずっと先に株価は下落していた!

　たった1年で日本一の企業、トヨタ自動車の業績が過去最高から急転直下で大赤字になったことがわかります。下の図は問題の図に、約1年間の株価の平均値を結んだ **52週移動平均線** を表示したものです。

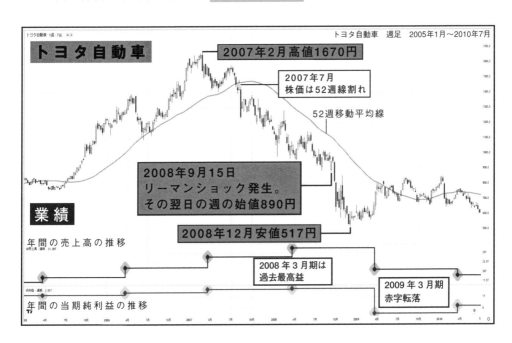

51

トヨタ自動車の株価は、2009年3月期の業績悪化の決算発表に先行すること**約2年3か月前**の2007年2月には、すでに1670円（株式分割調整後の株価。以下同）の高値をつけて下落に転じていました。

その後、**約1年7か月間**にわたって下落が続き、2008年9月15日にリーマンショックが発生した週の始値（9月15日が祝日のため翌16日）時点ですでに890円まで下落しました。まさにリーマンショックを先取りして、半値近くの水準まで株価が下落していたことになります。

そして、リーマンショック発生後の**2008年12月に517円の最安値**をつけ、そこから上昇に転じています（ただし、2011年3月の東日本大震災後の2011年11月に再び安値466円をつけています）。

2009年3月期の巨額赤字決算が発表された**2009年5月の終値は762円まで回復**しています。

■不測の事態に備えるにはテクニカル分析が必須

このことからも明らかなように、企業の業績より、株価の値動きを株価チャートで追っていったほうがトヨタ自動車の不調をいち早く察知することができたわけです。

リーマンショックの1年7か月前に株価がピークを打ったわけですから、「その**先見性、恐るべし**」といっていいでしょう。

前ページの図でもわかるように、高値をつけた2007年2月から5か月後の2007年7月、株価は52週線を割り込みました。約1年間（＝52週）の株価の平均値を割り込み、その直後には非常に大きな大陰線が出現していることから、もしトヨタ自動車株を保有していたら、**売りシグナル点灯**と考えることができました。

この**52週線割り込み**でトヨタ自動車株を売却していれば、その後に続く株価半値落ちのすさまじい下落を回避できたわけです。

逆に、信用取引を使って、トヨタ自動車の株を新規にカラ売りしていれば、その後の暴落を利益にかえることもできました。株式投資で損をしないためには、必ず株価チャートを見るべきなのです。

■「テクニカル分析は当たらない」批判は無意味

　株式投資の世界では「株価の将来のことなど、誰も正確には予想できない。株価の値動きなんてランダムウォーク（予測不可能）で、浮遊する微粒子の不規則なブラウン運動のようなもの」といった意見を、さも絶対真理であるかのように主張する人もいます。

　株式投資本の名作といわれる『ウォール街のランダム・ウォーカー　株式投資の不滅の真理』（バートン・マキール著／日本経済新聞社）という本は、目隠しをしたサルが銘柄選びしてもプロと同じような運用成績をあげられる、と扇情的な切り口で、**アクティブ運用**（投資家自身の判断で銘柄を選ぶ運用手法）に対する**インデックス運用**（株価指数に機械的に連動した運用手法）の優位性を説いています。その説を完全に否定するわけではありませんが、やはり、どんな場合も**自己判断で危機を察知する術**は持っていたほうがいいでしょう。

　株のマーケットは、自分の主張が正しく、相手の主張が間違っていることを証明する場所ではありません。有望な株に投資して、利益を出すことが唯一無二の目的です。トヨタ自動車の実例が示すまでもなく、テクニカル分析が重要な以上、株式投資をするからには、業績以上に、株価の値動きそのものについて学ぶ必要がある、といえるでしょう。

　ファンダメンタルズ分析一辺倒では、リーマンショックやコロナショック、さらには2022年のインフレと高金利による下げ相場を察知できず、大きな損失をこうむることになりかねません。

プロの目

●業績の落ち込みが始まる前に、株価の下落が始まる。
●業績の回復が始まる前に、株価の反転上昇が始まる。
●損をしない投資をするためにはテクニカル分析の
　シグナルを決して見逃してはいけない。

むろんファンダメンタルズ分析を完全に否定するわけではなく、両方をフル活用して、儲けることに徹すればいいだけの話です。

■ ファンダメンタルズもテクニカルも両方必要

両者にはそれぞれ得意分野、不得意分野があります。

ファンダメンタルズ分析のデメリットは**売買タイミングを教えてくれない**ことです。業績がいいのか悪いのかについては、決算書の数字を見ればすぐにわかりますし、未来をある程度は予測することも可能です。

しかし、「では今、買いなのか、売りなのか、いつ買ったり売ったりすればいいのか」という売買のタイミングについては、ファンダメンタルズ分析が教えてくれることはありません。

一方、テクニカル分析のデメリットは、先ほども触れたように、さまざまなテクニカル指標の示す売買シグナルが必ずしも当たるわけではない、**ハズれることも多い**ということです。また、なぜ株価がそのような値動きになっているかの原因や背景も、株価チャートだけを見ていてもわかりません。株式投資で生き残るためにはどちらか一方だけではなく、本当は両方をきちんと知っていたほうがいい、ということです。

儲けのツボ！

●ファンダメンタルズ分析のメリット：株価が上がったり下がったりする理由がわかる。有望な株を発掘できる。
　デメリット：売買タイミングがわからない。
●テクニカル分析のメリット：企業業績や全体相場の変調をいち早く察知できる。売買タイミングも教えてくれる。
　デメリット：売買シグナルがハズれることも多く、値動きが起こった理由や背景はわからない。
どちらが優れているかという議論は不毛。両方活用して儲けることが大切。

・2つの株の分析法②

図はある会社の株価と業績の推移。 この株を買う？　カラ売りする？

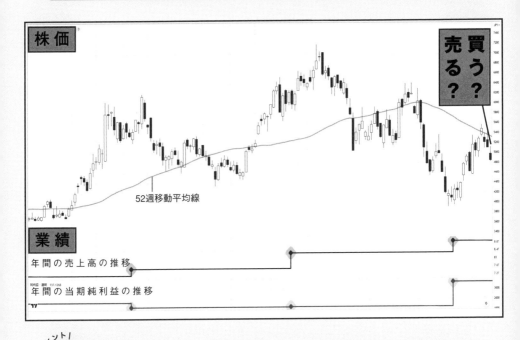

株価

52週移動平均線

買う？
売る？

業績

年間の売上高の推移

年間の当期純利益の推移

！ヒント！

　前の問題に引き続き、株価と業績の関係性についてのドリルです。この会社の売上高は期間中、順調に伸び、当期純利益も急回復しています。しかし、株価は52週移動平均線を割り込んで推移しています。当期純利益が急回復したことを信じて株を買うべきでしょうか。それとも、いったん52週線を割り込んだあと、52週線まで反発したものの超えられず、再び下落している弱い値動きに乗って、株をカラ売りすべきでしょうか。

A
08 | 株をカラ売りする

　問題の図は、2005年8月～2008年6月の**ソニーグループ**（2021年4月にソニーから社名変更）の株価と業績の推移です。ソニー（当時）は2008年5月14日に2008年3月期決算を発表。連結の売上高は前期比6.9％増の8兆8714億円、当期純利益は前期比192.4％増（約3倍）の3694億円で、いずれも過去最高に達しました。

　この発表を受けて株価は反転上昇しましたが、翌6月には52週線に阻まれ下落に転じています。その後、2008年9月にリーマンショックが発生。2009年2月には1491円の安値をつけ、2007年5月につけた高値7190円から5分の1に近い水準まで暴落しました（下の図）。2008年5月発表の華々しい2008年3月期の業績を見て「過去最高益を更新しているのに下がるのはおかしい」とソニー株を買った人は短期間で大損失を抱えることになりました。

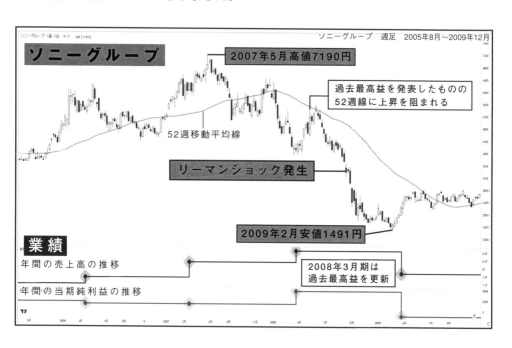

ソニーグループ　週足　2005年8月～2009年12月

ソニーグループ

2007年5月高値7190円

過去最高益を発表したものの
52週線に上昇を阻まれる

52週移動平均線

リーマンショック発生

2009年2月安値1491円

業績

年間の売上高の推移

年間の当期純利益の推移

2008年3月期は
過去最高益を更新

Q 09

・儲かる値動き

ファンダメンタルズが同じ場合、買うならA社、B社どっち？

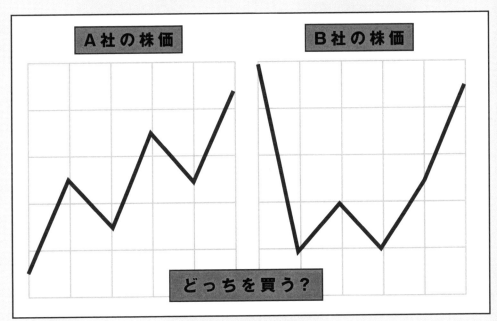

A社の株価

B社の株価

どっちを買う？

儲けのツボ

　株が上がる理由は好業績や高配当など、さまざまです。しかし、株に対する需要と供給（両方を合わせて「需給」といいます）で考えると、株が上がる理由はたった一つしかありません。その株を買いたい人が売りたい人より多いからです。逆に、売りたい人が多い株はなかなか上がりません。株を売りたい人が多そうなのは、株価が小刻みに右肩上がりで上昇しているA社、過去につけた高値圏に向かって一直線で急上昇中のB社のどちらでしょう？

A
09 | 買うならA社の株

　もし問題のA社とB社のファンダメンタルズがまったく同じ場合、買うべきなのは**高値と安値がじわじわと切り上がっているA社の株**です。

　A社の株はB社ほどの勢いはありませんが、一貫して右肩上がりで上昇しています。一度も直前の高値を更新できなかったり、直前の安値を割り込んで下落したりしていません。いわば、**買った人は全員儲かっている状態**です。過去に高値つかみをしてしまい、運よく株価が買値近辺まで戻ってきたら損益トントンで売りたいと思っている人は皆無です。株式投資の用語で、**上値にしこりがない**状況になっています。

　一方、B社の直近の上昇はA社に比べて力強く、過去につけた高値に到達間近です。しかし、過去の高値圏では、その高値で株を買ってしまい、その後の下落局面で損切りできず、含み損を抱えたまま、株を保有し続けている投資家が相当数いると考えられます。

　そうした投資家は、当然、株価の上昇で含み損が解消しそうになっているので、高値近辺で株を売ってやろうと待ち構えています。

　こうした潜在的な売り需要を**戻り売り圧力**と呼びます。

　当然、株の買い手も、株価チャートを見れば過去の高値がどこにあるかは一目瞭然なので、その近辺まで株価が上昇すると、いったん利益確定しようとします。そのため、過去の高値はなおさら**株価の上昇を阻む抵抗帯**（**レジスタンス**ともいいます）になりやすいのです。

　むろん、そのまま過去の高値を難なく突き抜けて上昇が続く場合もあります。ただし、多くの場合は過去の高値水準で跳ね返されて下落したり、高値近辺でもみ合ったり、過去の高値を株価が上抜けるには相当な買いのエネルギーが必要になります。

　ただし、ひとたび過去の高値を突破して、上値にまったく戻り売り圧力がない状況になると、株価はさらに勢いよく上昇しやすくなります。**過去の高値突破は株を買う絶好のタイミング**にもなるので、株価チャートの上値にある過去の高値の存在は必ず意識するようにしましょう。

・テンバガー

株価が10倍になる銘柄を見つけたい。一番重視する銘柄選別の条件はどれ?

①人気度　②業績推移　③時価総額

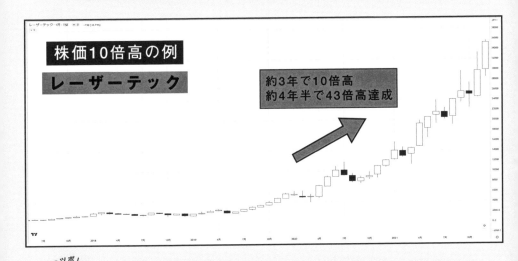

株価10倍高の例
レーザーテック

約3年で10倍高
約4年半で43倍高達成

| 儲けのツボ!

　株価が10倍高する企業は「テンバガー」と呼ばれ、投資家の憧れの的です。株価が上昇する一番の原動力は業績です。毎年、20%の増収増益を続けている企業は 1.2 × 1.2 × 1.2 × 1.2 = 2.0736 で、4年経過すると売上高と利益が2倍になります。ただ、好業績にもかかわらず、株価が割安に放置されている株もあります。株価10倍高には、流行りのテーマに合致しているか、人気の高いセクターか、会社の規模はどれぐらいかも重要です。

■ 本当の正解は業績抜群で時価総額が小さい企業

問題の図は半導体検査装置メーカーである<u>レーザーテック</u>の 2017 年 6 月〜 2021 年 12 月の月足チャートです。

同社は、2017 年 6 月の始値 815 円から 2020 年 5 月終値 8850 円まで、<u>たった 3 年で株価 10 倍以上</u>を達成。その後、2021 年 12 月には終値で 3 万 5290 円まで上昇し、約 4 年半で<u>株価は 43 倍以上</u>になっています。

その原動力になったのは当然ですが、業績です。

同社が開発した極端紫外線（EUV）を使った超精密な半導体検査装置が世界中で大ヒットしたことで、業績が飛躍的に向上し、43 倍もの株価上昇につながりました。

ただ、株価が 2 倍、3 倍どころか<u>10 倍まで上昇する「テンバガー」</u>にこだわって銘柄選びをしたいなら、まずは<u>「時価総額」</u>で好業績株を選別するべきだと私は考えます。

時価総額は<u>「株価×発行済み株式数」</u>で計算します。

企業が発行した株を市場ですべて買い占めるのに必要な金額ですので、時価総額＝<u>会社の値段</u>といわれることもあります。マーケットで投資家がその会社につけた値段（株価）をもとに計算されるため、<u>投資家がその会社につけた評価値</u>と見なすこともできます。

■ 時価総額100億円が 10倍の1000億円まで大きくなるほうが簡単

たとえば、株価が同じ 100 円の株でも、A 社の発行済み株式数が 1 億株で時価総額が 100 億円。B 社の発行済み株式数が 100 億株で、時価総額が 1 兆円だとしましょう。

ある投資家が、その企業の株価を独力で 1 円上昇させるためにつぎ込まなければならない資金は理論上、いくらになるでしょう。

　株価 100 円の株が 1 円上昇するための上昇率は 1% です。株価が 1 円上昇するためには、時価総額が 1% 上昇する必要があります。そのためには、その株に時価総額 1% 分の新規資金が流入しなければなりません。

　A 社の時価総額は 100 億円だったので、その 1% は 1 億円。B 社の時価総額は 1 兆円なので、その 1% は 100 億円になります。

　これはあくまで机上の空論に過ぎず、実際は多数の投資家の売り買いによって株価が決まり、それに応じて時価総額も変化していきます。

　しかし、**時価総額が大きな会社ほど、株価を 1% 上昇させるためには大量の資金流入と上昇エネルギーが必要**ということはなんとなくわかるでしょう。

　つまり、株価 10 倍株を狙うなら、同じ好業績株の中でも、時価総額が小さな銘柄を選んだほうが、効率よく短期間で、株価が 2 倍、3 倍……5 倍、10 倍と上昇する可能性が高いといえるのです。

　時価総額 100 億円の株なら、発行済み株式数に変化がない場合、**時価総額が 1000 億円**になれば株価 10 倍が達成できます。900 億円の資金が新たに流入すればいいだけ。一方、時価総額 1 兆円の株が 10 倍高するためには、新たに 9 兆円もの資金流入が必要になります。

プロの目

●時価総額が 5000 億円未満の好業績株を選ぶと
　株価 10 倍も狙いやすい。
●時価総額が 1000 億円以下の小型株ほど
　業績次第で簡単に株価 10 倍になる可能性が高くなる。

■ 時価総額が小さな企業は下落スピードも速い

　ただし、時価総額が小さな小型株はちょっとした好材料で株価が上がりやすい半面、ちょっとした悪材料で株価が急落しやすい点には注意が必要です。

たとえば、時価総額100億円の小型株から50億円分の資金が流出すると、簡単に株価も半値になってしまいます。

　一方、時価総額1兆円の大型株の株価が半値になるには、5000億円規模の資金流出が必要になります。時価総額の大きな企業の株価ほど安定的に推移しやすいのです。保険会社や年金基金などプロの資産運用では**「時価総額1000億円以下の銘柄に投資してはいけない」**といった縛りがあったりします。なぜなら、自分自身の巨額資金の買いや売りで株価が大きく動いてしまうからです。

　あまりに時価総額が小さな株は全体相場が悪化すると急落するリスクも高いため、**時価総額1000億円以上5000億円未満の好業績株**を10倍株候補のターゲットにするのが無難といえるかもしれません。

■ レーザーテックの時価総額は5年半で3.6兆円に

　下の図はレーザーテックの2016年6月〜2023年5月の月足チャートと時価総額の推移です。

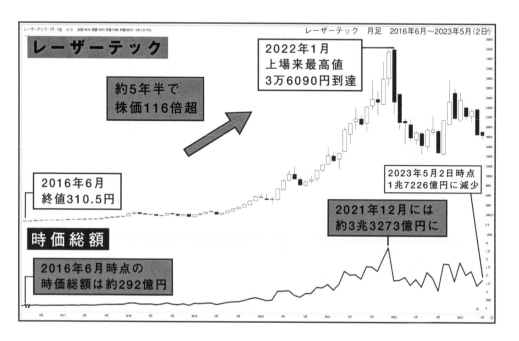

　2016年6月時点のレーザーテックの時価総額はおよそ**292億円**、株価は終値で310.5円でした。その時価総額が約5年半後の2021年12月には**約3兆3273億円**、株価は終値で3万5290円まで上昇。翌2022年1月には3万6090円の上場来高値をつけ、10倍どころか**116倍以上**に跳ね上がりました。その後は下落に転じ、2023年5月2日時点の株価は終値1万8270円、時価総額は1兆7226億円まで減少しています。

　同社は2020年頃から、先ほども述べたように、回線幅の狭い最先端半導体の製造に必要な極端紫外線を使った半導体検査装置が世界的な販売増で急成長を遂げ、花形株になりました。

　いったんマーケットで投資家から多大な注目を浴びるようになると、株価の急騰で時価総額が大きくなり、それ以上、株価は上昇しにくくなります。レーザーテックはこの**時価総額の壁**を乗り越え、加速度的に株価も時価総額も上昇しました。2019年6月期末に約2102億円だったレーザーテックの時価総額は2020年6月期末には約9579億円まで、たった1年間で4.5倍近くも増加しています。

　その後、翌2021年6月期末の時価総額は約2兆356億円に達し、たった1年間で1兆円以上も増えました。

　まさに市場の花形株になって、多くの機関投資家の大量の資金が大規模かつ短期間で流入していったことがわかります。

　図の株価上昇は、第1章（32ページの図9参照）で見た**「角度30度→45度→60度→それ以上」という株価の急騰や暴落の法則**にぴったり当てはまるような値動きです。私個人からすれば、2021年に株価が加速度的に上昇した最後の急騰局面とその後の急落局面を買いとカラ売りの両方でとるような短期売買を目指すでしょう。

　しかし、長期保有を続けて株価10倍を狙うなら、時価総額がまだ低い時点で好業績株を見つけるのが最も効率がいいのは確かです。

■ 地味な会社でも低時価総額なら10倍高しやすい

　2020年以降のレーザーテックは、投資家の人気も非常に高く、ここ数年は日々の売買代金ランキングでもトップクラスです。

機関投資家や外国人投資家などプロが最も頻繁に売買を繰り返し、大量の資金が流入したことで日本株屈指の花形株に成長しました。

　しかし、比較的地味な企業が多い時価総額1000億円以下の銘柄の中にも、あまりマーケットで注目を集めることはないものの、人知れず(⁉)株価10倍高を達成している銘柄もあります。

　たとえば、下の図は中堅ゼネコンの**淺沼組**の2013年1月～2023年5月の月足チャートと年間の普通株主に帰属する当期純利益と1株当たり配当金の推移を示したものです。

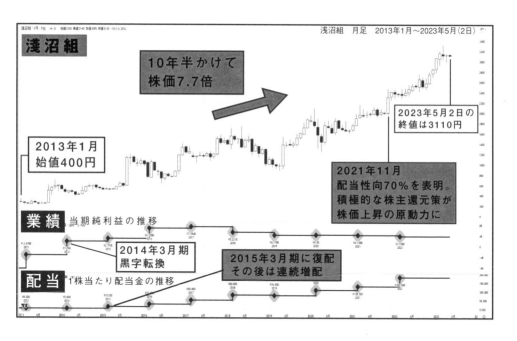

　2013年1月の始値が400円だった淺沼組の株価は2023年5月2日時点で終値3110円まで値上がりし、**約10年半かけて株価が7.7倍**まで上昇しています。それ以前の2012年6月4日の終値240円からは12.9倍高を達成しています。2023年5月2日時点の時価総額は502億円ですから、逆算すると2012年6月4日時点の時価総額は39億円弱しかなく、同社には破綻懸念すら出ていました。そこから地味に株価は上昇を続

け、10倍高を達成しています。ただし、同社はそれほど好業績というわけでもありません。図を見てもわかるように、同社の当期純利益は2014年3月期に黒字転換を果たしたあと、2017年3月期にピークをつけ、その後は減少傾向にあります。しかし、株主に支払う1株当たりの配当金は、2015年3月期に株主配当金の支払いが復活（**「復配」**といいます）し、その後も**増配**（配当金の額を増やすこと）が繰り返されています。

同社は2021年11月に**配当性向**（当期純利益の中から株主に還元する配当額をどれぐらい支払っているかの比率を示します）を50%以上から**70%以上**に引き上げることを表明するなど、増配や自社株買いといった**積極的な株主還元策**を打ち出してきました。売上高や当期純利益自体は減少傾向にありますが、手厚い株主還元策が投資家から評価されて、株価が10倍高した企業の典型例です。

■ 増収増益、増配、黒字転換、PBR1倍割れなどから検索

|プロの目|

> プロが考える株価10倍株候補の条件
> 条件1…時価総額1000億円以上5000億円未満の中型株
> 候補1…毎年20%以上の増収増益を続けている成長株
> 候補2…株主配当金の増配が続く好財務の高配当株
> 候補3…赤字から黒字転換を果たした業績好転企業
> 候補4…PBR1倍割れで積極的な株主還元策を表明した企業

上に示した候補1〜4の中からタイプ別にいくつかの銘柄をスクリーニングして、それらの株が過去の高値を突破して上昇を始めたら買いを検討するのもいいでしょう。

ただし、どんなに株価が下がっても「必ず株価が10倍になる」と妄信（!?）して長期保有を続けるのはやめましょう。たとえば、**200日移**

動平均線を上回って推移している間は保有継続、下回ったらいったん売却して、再び200日線の上に浮上して直近高値を超えたら買い直す、といった"おいしいところ取り"をして、結果的に株価10倍高の大部分を利益にできた、といった投資スタイルを目指すのがいいでしょう。

2023年3月末、東証は**PBR（株価純資産倍率）が1倍を下回る上場企業**に対し、PBRが1倍を上回るような経営努力をするよう、異例の要請を出しました。

PBR1倍割れ企業というのは、会社が保有する1株当たりの純資産額より株価が低い銘柄です。会社の解散価値よりも時価総額が低い企業が純資産を減らし、株価を底上げしてPBR1倍割れを解消するには、積極的な株主還元策を打ち出して投資家から人気を集めるのが最も手っ取り早い方法です。そのため、今後は候補4の基準に該当する企業の中から、数多くのテンバガーが出てくる可能性もあります。

■ 時価総額1兆円超でも
　株価3〜4倍なら夢ではない

むろん、時価総額が大きな企業の中にも、株価10倍はさすがに難しいものの、2倍、3倍程度値上がりする好業績企業はたくさんあります。

たとえば、右ページの図はコロナ禍による物量網の停滞やロシア・ウクライナ戦争による資源・穀物高を受けて、2023年4月14日に1986.5円の**上場来高値**を更新した総合商社の**丸紅**の月足チャートです（2023年6月現在も上場来高値の大幅な更新が続きました）。

私は**月足チャートに日足チャートの200日線**を表示して、月足ベースの株価が200日線の上側に超えてきた銘柄を上昇トレンド入りしたばかりの銘柄と見なして、買いの候補にしています。

オンライン上のチャートプラットホーム「TradingView」で、移動平均線を描画するインジケーター「Moving Average Simple」などを使い、「設定→パラメーター→マルチタイムフレーム」欄の「時間足」を「1日」、その上の「期間」を「200」に設定すると、月足や週足など異なる時間軸のチャート上でも200日線が表示可能です。

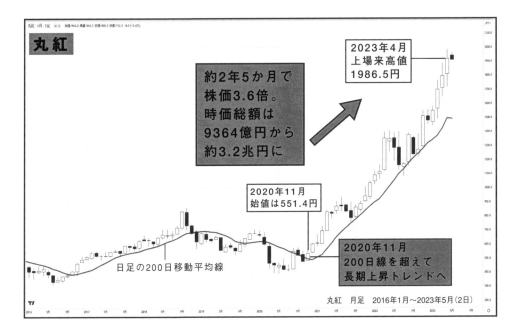

丸紅

約2年5か月で
株価3.6倍。
時価総額は
9364億円から
約3.2兆円に

2023年4月
上場来高値
1986.5円

2020年11月
始値は551.4円

2020年11月
200日線を超えて
長期上昇トレンドへ

日足の200日移動平均線

丸紅　月足　2016年1月〜2023年5月（2日）

　丸紅は2020年11月に200日線を超え、それ以降、一度も200日線を完全に割り込むことなく、ほぼ一直線で上昇。2020年11月の始値は551.4円で、2023年4月の上場来高値は1986.5円ですから、**約2年5か月で株価は3.6倍**まで跳ね上がっています。

　丸紅の2023年5月2日時点の株価は終値で1912円、時価総額は3兆2473億円だったので、その値から逆算すると、2020年11月始値時点の時価総額は約9364億円です。

　私が設定した時価総額5000億円という基準を大きく超えた大企業ですが、たった2年半ほどで株価3.6倍高を達成できました。

　つまり、**時価総額が1兆円近い企業**でも、マーケットの人気を集めれば株価2〜3倍程度なら目指せるということ。時価総額の大きな企業は投資家からの評価が高く、会社の規模が大きいので、景気後退や金融危機といったショック時にも株価が大きく下落しないのも魅力です。

　財務面でも優良なことが多いため、長期保有して**安定した配当収入**を得ることも可能です。

［ C O L U M N 0 1 ］

上場来高値更新銘柄こそ
儲かる株の最有力候補

｜プロの目｜

株式をマーケットに上場して以降の株価が過去最高を超えてくれば上場来高値更新銘柄。その企業に対する投資家の評価が過去最高レベルにあることを示しています。長期投資でも短期売買でも、買いで最も成功しやすい最有力候補です。

｜儲けのツボ｜

下がってる株を割安でお買い得だから買うというショッピング感覚を脱し、高値更新が続く株を、有名ブランド品を買うのと同じように買うのが株式投資で儲けるコツ。なぜなら、株を買って儲けるには、その株をさらに高値で誰かに売らなければならないからです。スーパーの特売品より、高級ブランド品のほうがその後、誰かに高値で買い取ってもらえる可能性が高いと考えれば、その理屈がわかるはず。

「どんな株を買ったら儲かりますか？」と聞かれたら、私は即座に「上場来高値を更新しているような銘柄を狙ってください」と答えます。

過去に高値をつけたあと、再びその高値にトライする銘柄には高値近辺に戻り売り圧力があります。**上場来高値更新銘柄**なら、それより高値で株を買った人が一人もいません。つまり、株価がこの水準に達したら売ってやろうという**売り圧力が皆無**です。株式投資の極意は「これからも上がりやすい株を買う」。上値に売り圧力がない銘柄ほどすいすい上がりやすいわけですから、高値を更新している銘柄に狙いを絞ったほうが上がる確率は高いのです。

●上場来高値（上場以来の最高値）
●10年来高値（ここ10年間の最高値）
●年初来高値（その年の1月以降の最高値）
●昨年来高値（前年の1月以降の最高値）

以上の高値を更新している銘柄をネットなどでまず探して、「高値を更新したところで買いを入れる。安値を割り込んだら利益確定、もしくは損切りをする」という投資行動を繰り返すのが、短期売買でも長期投資でも最善の方法だと私は確信しています。

毎年1～3月に昨年来高値、4月以降に年初来高値を更新した銘柄をまとめて、「新高値更新銘柄」と呼んだりもします。

たとえば、2023年5月2日時点で時価総額が

1000億円以上から1兆円台の銘柄のうち、**10年来高値を更新した東証プライム上場銘柄**は以下の10銘柄。カッコ内の数字は銘柄コード／2023年5月2日現在の終値、時価総額です。

●積水ハウス（1928 ／ 2779.5円、1兆8419億円）

空前の低金利やコロナ禍で高付加価値住宅に対する需要が増加し、業績は好調。配当利回りも高い。

●マツキヨココカラ＆カンパニー（3088 ／ 7380円、1兆551億円）

コロナ禍によるマスク、解熱剤特需に沸き、コロナ明け以降はインバウンド向け化粧品や高収益の調剤薬局が好調を持続。都市部への出店攻勢で売上高も躍進中。

●京成電鉄（9009 ／ 5030円、8672億円）

東京ディズニーランドを運営するオリエンタルランドの大株主。コロナ明けの通勤正常化や成田空港線の復活期待で2023年に入って株価が急騰。

●ロート製薬（4527 ／ 2822円、6665億円）

目薬の市販薬で世界一。今や目薬以上の売上高を誇るのは1989年の米国のメンソレータム社買収に端を発するスキンケア関連事業。同事業が国内外で急成長し、最高益更新が続いている。新規事業の成功が株価躍進につながっている典型例。

●上組（9364 ／ 3040円、3538億円）

港湾輸送というニッチな分野で安定収益。トラック運転手の時間外労働規制で、船舶輸送へのシフトが見込まれている点やPBR1倍割れで資本効率改善のための増配に期待できる点も人気が高い理由。

儲けのツボ！

その時々のテーマや流行で、人気株は変わってきます。コロナ禍の頃はマスク、ワクチンの需要や巣ごもり消費でバイオ、ドラッグストア、スーパー、ネットショッピング関連株が急騰。2023年以降のコロナ明けの経済再開局面では、コロナ禍で叩き売られた外食、旅行、インバウンド関連（百貨店、ブランド買取店、遊戯施設）株が上昇しています。

POINT!!

新規事業の成功や新製品の大ヒットは株価上昇の起爆剤です。身の回りで最近、行列ができている店舗や頻繁に買われるようになったヒット商品を探すことが、急成長する企業を見つけ出すきっかけになります。

●フジテック（6406 ／ 3680円、2904億円）

エレベーター専業。南アジアや北米など海外事業が好調。大株主の香港の投資ファンドが創業者会長を解任して経営改革に乗り出している点が人気化の理由。"物言う株主"の登場で株価が急騰した典型例。

●因幡電機産業（9934 ／ 3075円、1735億円）

電設資材や空調配管部材などを扱う商社。電力料金の高騰や再生可能エネルギーの活用に向けた電力インフラ整備に期待感。PBR1倍前後の割安株。

●高砂熱学工業（1969 ／ 2346円、1648億円）

半導体のクリーンルームなど空調工事の最大手。環境ソリューション企業として再生可能エネルギー導入もビジネスチャンスに。PBR1倍前後と割安。

●KeePer技研（6036 ／ 5560円、1572億円）

車を汚れから守るカーコーティング専門店を全国展開し、売上高・当期純利益ともに急拡大する典型的な成長株。株価も上値にまったくしこりがない。

●タマホーム（1419、3765円、1109億円）

首都圏郊外で低価格注文住宅を販売。値上げ効果で、売上高・当期純利益の過去最高更新が続く。

どんな銘柄が10年来高値を更新しているのか、具体的な状況を知ってほしくて、それぞれに簡単なコメントをつけました。株価が上昇する理由はさまざまです。ただ、紹介した銘柄はすべて過去10年間の最高値を更新しているわけです。株価の上昇が続いているから「このあと下がるのが怖い」と恐れるのではなく「これからも上がる確率が高い」と考えられるようになりましょう。

・『会社四季報』の読み方

株式投資のバイブルといわれる『会社四季報』。チャート以外にプロが注目するポイントは？

① 2期予想
② 業績記事
③ PER

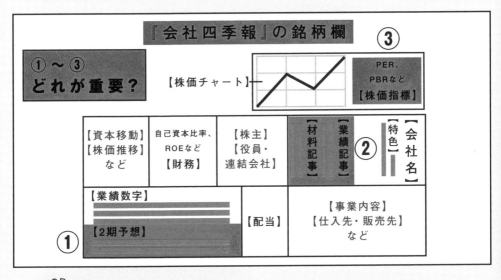

『会社四季報』の銘柄欄

①〜③
どれが重要？

【株価チャート】

PER、PBRなど
【株価指標】　③

【資本移動】【株価推移】など

自己資本比率、ROEなど【財務】

【株主】【役員・連結会社】

【材料記事】【業績記事】　②

【特色】【会社名】

【業績数字】
【2期予想】　①

【配当】

【事業内容】【仕入先・販売先】など

プロの目

　東洋経済新報社が年4回発行する『会社四季報』はファンダメンタルズ（＝財務や業績）を重視して銘柄選びをしたい人の愛読書です。私も「未来を予測している箇所」には注目しています。それはどこ？

A
11 | ①2期予想

　私が思う『会社四季報』の一番の注目ポイントは、ページの上部に掲載された各銘柄の株価チャートです。『会社四季報』掲載の**3年強の月足チャート**は、中長期的な株価の推移を見るには最適の期間です。

|プロの目|

●『会社四季報』のチャートが一貫して右肩上がりで上昇。
●直近の株価が過去の最高値圏で推移している銘柄が有望。

　では、そのほかの情報に関しては、どれが重要でしょうか。

　やはり、『会社四季報』がその企業の現在進行中の決算期（今期）と次の決算期（来期）の業績について独自予想した①**の2期予想**です。

　『会社四季報』の2期予想が過去の業績に比べて大きく伸びている企業が有望株の条件といえるでしょう。私自身は『会社四季報』をあまり読まず、値動き重視で取引していましたが、『会社四季報』の2期予想など将来の業績予想について一応は頭に入れておいて、その予想を**株価が実際に織り込みにいくか**を注意して見ていました。来期予想の業績がとてもよさそうだから買いというわけではなく、その情報で実際に株価が上昇していくかどうか、**投資家の反応**のほうに注目していました。

　②の業績記事やその右側にある「特色」という部分は、その会社がどんなビジネスを手がけて、どの分野が好調・不調かなど、全体像を把握できるので読むに越したことはないですが、重要ではありません。

　株価が1株当たり利益の何倍まで買われているかを示した③のPERは、私のようなプロのトレーダーはほとんど注目していません。PER100倍の超割高な銘柄でも今後の業績や成長に対する期待が高ければ上昇します。PER10倍以下の株を「割安だから」という理由だけで買うことは稀です。

・株式投資と利益

株で "ラク" して儲けたいとき、プロなら①〜③のどれを買う？また、その値動きはA〜Cのどれ？

①その時々の人気株

②日経平均株価の採用銘柄

③日経平均レバレッジ ETF

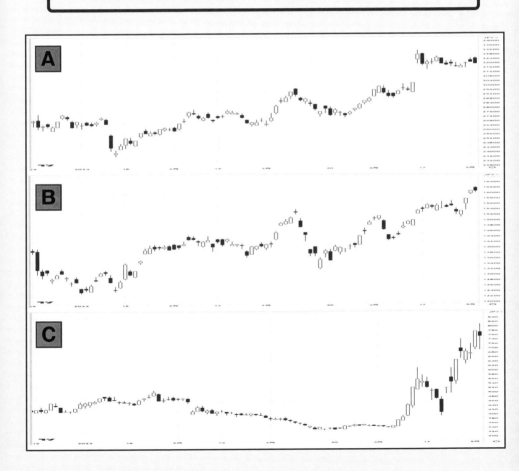

■その時々の人気株の値上がり期待値が一番高い

「株で儲けたい、でもラクしたい」という思いは誰にでもあるはずです。しかし、それほど簡単ではなく、ラクラクと株式投資で儲けるのは非常に難しいことです。

そんな中、**投資した金額をどれぐらい増やせるかという期待値の高い株**をあえて「ラクして儲けられる株」と定義するなら、①の**その時々の人気株**を買うのがリスクも高いですが、最も効率的かもしれません。

むろん、一瞬にして大損する覚悟も必要といっていい投資対象なので、初心者の方にはあまりお勧めできません。

当然、損切り覚悟の短期売買になりますが、投資家からの人気が高いうちはどんどん株価が上昇して、買値の2倍、3倍まで値上がりすることも日常茶飯時です。その値動きはチャートCの**バイオ企業・ヘリオス テクノ ホールディング**のようになります。

この銘柄は2023年4月に始値350円から終値679円まで2倍近くも値上がりして、2023年4月の全市場値上がり率ランキング1位になりました。しかし、業績面で株価上昇につながるニュースは確認できず、**需給要因＝投資家の思惑**だけで株価が乱高下しました。

当時は時価総額100億円台の小型株で、業績も横ばいでした。2023年4月上旬までは1日の売買代金が数千万円程度しかなく、とてもじゃないですがプロが取引できる銘柄ではありませんでした。

そんな株が2023年4月13日には出来高が2314万8600株まで膨らみ、売買が盛り上がりました。同日の終値561円で計算すると130億円近い資金が流入し、激しい売買が行われたことになります。

こうした銘柄でも、連続する**大陽線を追いかけて飛び乗り・飛び降り**を繰り返せば、大きな値幅を利益にかえることができないことはありません。ただし、その時々の人気株は一過性の急騰が続いて、すぐに賞味

期限切れとなるケースも多いです。

■日経平均採用銘柄なら安心して個別株投資できる

　②の日経平均株価の採用銘柄は安定した値動きが魅力です。問題の**チャートA**は、日経平均株価に対する影響度が最も高い「ユニクロ」を展開する**ファーストリテイリング**の日足チャートです。

　期間中の値動きは「前の高値を更新すると、さらに上昇」を繰り返しているのでかなり魅力的といえるでしょう。

　日経平均株価の採用銘柄225社は、多くの投資家が頻繁に売買していて、年初来高値や上場来高値を更新している上がりやすい株、全体相場が下がったときに逆に上がりやすい株など、値動きも多種多彩です。

　そういう意味では、初心者が個別株の売買に挑戦するとき、最もお勧めしたい投資対象です。とはいえ、日経平均株価の採用銘柄はいずれも時価総額が数千億円から数兆円に達する大型株。短期間で株価が倍になることはありません。

　野村アセットマネジメントが運用する③の「NEXT FUNDS 日経平均レバレッジ・インデックス連動型上場投信」は、日経平均株価の騰落率の約2倍の値動きをするように設計された**レバレッジ型ETF**（上場投資信託）です。大きく動くといっても、日経平均株価の2倍までがせいぜいです。

　また、日経平均株価は夜間の海外市場の影響も強く受けます。そのため、**チャートB**を見ればわかるように、9時〜15時の日本市場でしか取引されない日経平均レバレッジETFは、各ローソク足の間に大きな窓が開くことが多くなっています。うっかり翌朝まで買いポジションを持ち越してしまうと、夜間の米国株急落に巻き込まれて、翌朝は大きく下落して大損ということも多発します。日経平均レバレッジETFはあくまで**デイトレード主体**の投資対象だと私は思います。

　もし日経平均株価そのものを売買したいなら、夜間も取引できる**日経平均先物やCFD**を利用したほうがいいでしょう。

　次ページの図は、2023年1月4日の終値を100としたときの2023年

5月2日の終値までの3銘柄の騰落率を比較したもの。

　ヘリオス テクノ ホールディングが今後も買いだとはまったく思いませんが、株価が活発に動いて急上昇しているところだけを狙って、①のその時々の人気株を売買するほうが、**大きな上昇"率"を稼ぎやすい**ことがグラフからもわかります。こういった超ハイリスク・ハイリターンの値動きをする銘柄を取引できるのも株式投資の魅力の一つなのです。

　では、そういった人気株をどこで見つけるのか。

「Yahoo! ファイナンス」や「株探」など、投資情報サイトにアクセスすれば、**株価上昇率ランキング**で株価の値上がり率が高い銘柄を探すことができます。

　また、**約定回数（Tick回数ともいいます）ランキング**を見ると、その日の約定回数が多く、プロやデイトレーダーなどが取引時間中に頻繁に売買している人気の高い銘柄を探すことができます。

　上昇率が高くて約定回数も多い銘柄、それがその時々の人気株といえるでしょう。

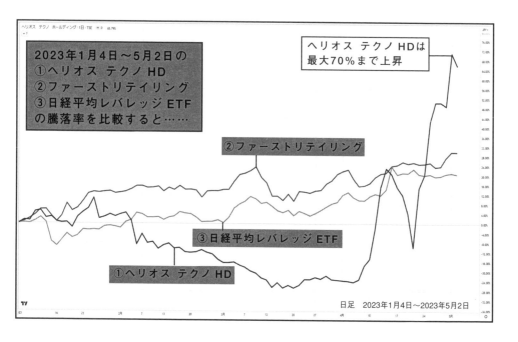

・投資スタイル①

プロは高配当株と増配株、どっちを買う?

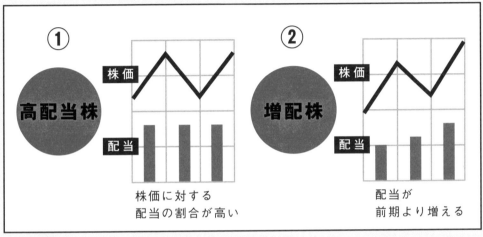

① 高配当株　株価　配当
株価に対する配当の割合が高い

② 増配株　株価　配当
配当が前期より増える

!ヒント!

　空前の低金利が続いているせいか、日本人は「高利回り」「高配当」という言葉に非常に弱いという傾向があります。株式投資の世界でも、値上がり益を重視する以上に、年率4〜5%に達する配当利回りに期待する高配当株投資が人気です。高配当株の多くは、急成長は期待できないものの、安定した収益をあげる成熟企業です。新規投資して事業を拡大する余地が少ないため、稼いだ収益の多くを株主に還元することで高配当株になるわけです。一方、増配株は株主配当金を増額した企業のこと。毎年度、増配できる場合は順調な利益成長が続いていると考えられます。果たしてプロはどちらの株が好きでしょう?

A
13 | どちらかというと①の高配当株

　プロのトレーダーは、配当を目的に株を買うことはまずありません。

　高配当株と増配株のどちらを買うかについては「**人気化して株価が上昇すれば、どちらでもいい**」というのが正解になります。

　ただ、2022年から2023年にかけては欧米各国の中央銀行が歴史的な物価高を抑え込むために何度も利上げを繰り返しました。政策金利が上昇する時期は、金利上昇に最も弱いハイテク株など、成長株の魅力が薄れ、政策金利以上の配当利回りが期待できる**高配当株が人気化**します。

　たとえば、**日本郵船、商船三井の海運大手2社**はコロナ禍による物流網の混乱でコンテナ船の運賃が大幅に値上がりし、2022年3月期に驚異的な増収増益を達成。前期比7～8倍にも及ぶ大幅な増配を行い、**配当利回りが10%**を軽く超える超・高配当株となって人気化しました。プロはそういう銘柄で短期売買するのが大好きです。

　特に配当をもらう権利が確定する決算期末や中間期末に向けては、配当の権利を獲得したい投資家の買いで高配当株が上昇しやすくなります。配当を獲得するためではなく、**配当取りの株価上昇**を狙うのも、プロが大好きなトレード手法の一つです。

　一方、好業績だった企業が株主配当の額を増やす**増配**も、当然、株価に対するインパクトは絶大です。ただし、増配を発表したその日だけ急騰して終わるといったケースも多くあります。先ほどの海運株のように配当を前期比数倍も増やすような**大幅増配**でないと、株価の上昇も長続きしません。また、**増配が毎年度続くか**どうかも大切な要素です。

　増配発表後に、今後もさらに増配が続くという期待感が生まれるようなら、株価の長期的な上昇が見込めるでしょう。

　高配当株に比べて**連続増配株**は配当利回りが低いのが一般的ですが、その理由は利益成長を好感して株価も上昇しているから。連続増配株の長期的な株価上昇を狙って中長期投資するのは、成功率の高い投資手法だと思います。増配を毎年度続けられるのは好業績の証ですから。

・投資スタイル②

年率10%の増収増益株と
黒字転換株。プロならどっちを買う？

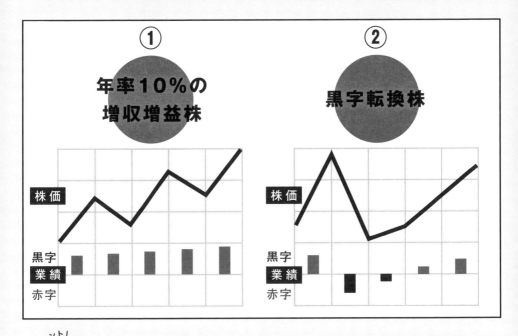

!ヒント!

「株は業績で買え」といわれますが、好業績とはズバリ毎期、売上高や営業利益、経常利益、当期純利益が前期を上回って増収増益が続いていること。売上高や利益が2倍になれば、株価が2倍以上になってもおかしくありません。一方、これまで赤字だった企業がリストラや新規事業の拡大で黒字転換したときも株価は大きく上昇します。赤字続きで株価が叩き売られてきた分、黒字転換が与えるサプライズが大きなものであれば上昇の勢いも相当強力になるはずです。

A 14 | どちらかといえば①の年率10%増収増益株

　これもどちらが正解かは難しい問題です。

　毎期、10%の増収増益が4年続けば、「1.1 × 1.1 × 1.1 × 1.1 = 1.4641」で**4年後には売上高も利益も1.5倍近く**になります。売上高と利益にほぼ正比例して株価も上昇するはずですから、毎期10%の増収増益が続いていく可能性がある企業は魅力的な投資対象です。

　一方、これまで赤字経営が続いて売られてきた銘柄が黒字転換をきっかけに買われることも多いです。新規事業が急成長したり、事業を行う業界、業態が時代にマッチするようになったり、**黒字転換がサプライズ**なものであれば、株価が短期間で2倍、3倍と上昇してもおかしくありません。特に2023年5月現在は、コロナ禍で業績が極端に悪化した外食、アパレル、百貨店、アミューズメント施設、旅行、ホテル、鉄道関連の企業が**コロナ明けの消費再開で華々しい黒字転換**を果たし、株価も急上昇しています。

　ただ、増収増益が続く企業と黒字転換企業のチャートを見た場合、問題の図にも示したように増収増益株は右肩上がりで株価が上昇していることが多く、上値に大きな売り圧力がありません。一方、黒字転換株は赤字になって株価が叩き売られたあと、反転上昇している形になるので、**叩き売られる前の高値近辺に根強い戻り売り圧力**があります。

　どっちのチャートがいいかというと、やはり、上値にしこりがない増収増益株の値動きのほうがさらに上昇しやすい面があります。

　ただし、黒字転換の中身が素晴らしく、投資家の期待感が強い場合は過去の高値圏を勢いよく突破して上昇が続くケースもあります。上値にしこりがなくなった黒字転換株は増収増益株同様に、株価のさらなる上昇が見込めるので積極的に狙いたいところです。

　どちらの場合も、**上値に抵抗帯がなければ上昇しやすい**、抵抗帯があるとそこで跳ね返される可能性がある、抵抗帯を突破したら上昇に勢いがつく、というふうに考えましょう。

CHAPTER

3

オードブル

HORS D'OEUVRE

新NISAの
「落とし穴」と
"100%たらふく"
稼ぎ倒す方法

■ 新NISAの概要とプロが考えるNISA活用術

「貯蓄から投資へ」をスローガンに、国は少額投資非課税制度の NISA を使って、日本人に投資習慣を根づかせる政策を進めています。

　2024 年からは現行の NISA に代えて、生涯にわたる非課税保有限度額が 1800 万円に達する新 NISA もスタートします。

　日本人が投資に目覚めるのはとても好ましいことだと思います。

　ただ、最近の NISA ブームに関しては元プロの私から見て少し「おかしい、疑問、不思議」と感じる部分もあります。そこで、読者の関心が高い新 NISA の概要と元プロが考える NISA 活用術について知り、自分なりに考えてもらえるようなドリルを作りました。

■ 個別株投資は最大1200万円まで

　まずは 2024 年から始まる新 NISA の概要について、元プロの目線から少し説明しておきましょう。

　現行の NISA は、主にインデックスファンド（株価指数に連動する投資信託）に毎月定額つみたて投資を行う「つみたて NISA」、個別株に自分の判断で投資する「一般 NISA」という 2 つの制度のうち、どちらか 1 つを選ばなければなりませんでした。

　つみたて NISA は年間 40 万円を上限にした投資信託へのつみたて投資が最長 20 年間、非課税で行える制度です。

「年間 40 万円 ÷ 12 か月 ＝ 月々約 3.3 万円」を、米国の株価指数・S&P500 か、全世界株価指数の MSCI オール・カントリー・ワールド・インデックス（ACWI：アクウィ）に連動するインデックスファンドにつみたてるのが最もポピュラーな投資手法になっています。

　一方の一般 NISA は、年間 120 万円を上限にした個別株やアクティブ型投資信託への投資を最長 5 年間、非課税で行えます。

　この 2 つの制度は 2023 年に終了。これまで投資した資金に関しては、非課税期間が満了するまで続けられますが、制度自体は 2024 年から新しい NISA に切り替わります。

2024 年から始まる**新 NISA のポイント**は以下のようになります。

●制度が恒久化され、総額 1800 万円の非課税保有限度額の範囲内であれば生涯にわたって非課税投資ができる。

●インデックスファンドへのつみたて投資と個別株投資の両方を同じ NISA 口座で同時にできる。

●つみたて投資枠は年間 120 万円、総額 600 万円まで。

●個別株投資ができる成長投資枠は年間 240 万円、総額 1200 万円まで。成長投資枠を使って、つみたて投資枠と同じインデックスファンドへ総額 1800 万円までつみたて投資も可能。一方、個別株投資は成長投資枠のみで、つみたて投資枠は利用できない。

●運用資産を売却した場合、その資産購入時に使った非課税枠（簿価＝買ったときの金額）を翌年以降、再利用できる。

非課税投資枠が大幅に拡充され、制度自体が恒久化された点は手放しで「素晴らしい」と政府・金融庁の功績を称賛したいです。

■ プロから見た新NISAの活用ポイントとは？

元プロから見て新 NISA が最も素晴らしいと思える点は、**非課税枠を再利用**できるようになったことです。

現行の NISA では、利益が乗った運用資産をいったん売却してしまうと、その非課税枠はもう使い果たしたと見なされ、非課税期間が残っていても、その非課税枠は消滅してしまいました。

特に、つみたて NISA は非課税期間が 20 年と長く、たとえば投資を開始して 5 年後に S&P500 が大きく上昇したから、いったん利益確定し

てしまおうといった行動をためらわせる制度設計になっていました。

　非課税投資といいながら、**利益確定がしにくく、非課税期間いっぱいいっぱいまで長期保有することが"暗黙の決まり"のような制度**だったわけです。

　その点、新 NISA では非課税期間が無期限化されました。つまり、運用資産に利益が乗ったときにいったん非課税で売却して**利益確定**しても、購入に要した資金を再度、非課税投資できるようになったのです。

●新 NISA の最大のメリットは非課税枠の再利用。
●利益が乗ったら非課税期間を気にせず、いつでも売却できる。
●売却すると、翌年以降、復活した非課税枠で再び稼げる。

　たとえば、成長投資枠で年間上限額の 240 万円を個別株に投資したら、1 年経たないうちに倍の 480 万円まで増えたので利益確定したとしましょう。現行の NISA なら、売却した時点でその非課税枠は消滅してしまいますが、新 NISA では 240 万円の利益を非課税でまるまる受け取ったうえに、元本 240 万円分の投資枠が復活して、翌年以降、再び個別株に非課税投資できるようになります。

　年間 120 万円のつみたて投資枠と年間 240 万円の成長投資枠を併用して、5 年間で最大 1800 万円の新 NISA の投資枠すべてを使って S&P500 に連動するインデックスファンドにつみたて投資をしたら、10 年目に運用資産が倍の 3600 万円まで増えた、としましょう。半分の 1800 万円（元本は 900 万円）を利益確定した場合、元本の 900 万円の投資枠が復活して翌年から再び最大で年間 360 万円ずつ、同じ S&P500 のインデックスファンドに非課税投資ができます。

　つまり、**生涯にわたって非課税投資枠（年間 360 万円、総額 1800 万円）を使って回転売買を繰り返し、利益を積み上げられる**——これこそがプロから見た新 NISA の最大の活用ポイントです。

■ 金融庁の意向は長期・つみたて・分散投資だが……

むろん、金融庁の意向は、回転売買とは180度違ったものです。

新NISAはあくまでインデックスファンドを使った**長期・つみたて・分散投資**が主体になるべきで、日本や米国、全世界の株価指数（インデックス）にじっくり長期投資して、老後の資産形成を行うためのもの、というのが本来の制度の趣旨になります。

それは、S&P500や全世界株式に連動したインデックスファンドへのつみたて投資に関しては、つみたて投資枠600万円のみならず成長投資枠1200万円と合わせて1800万円も投資できるのに対して、**個別株投資は成長投資枠1200万円だけでしかできない**という制度設計にも表れています。

私もその趣旨自体を否定するつもりはありません。しかし、投資というのは儲けるために行うものである以上、いかに長期投資といえども、これから株価が数年にわたって下げるかもしれない、と予測できるときにはいったん**運用資産を利益確定**すべきだと思います。

NISAは非課税投資制度ですが、その制度が有効なのは投資で利益が出たときだけ。

NISAを使って投資したものの、含み損を抱えた状態のまま老後生活に突入してしまい、大きく目減りしたNISA口座の投資元本を泣く泣く取り崩すような結末になってしまうと、NISAの金看板ともいえる**非課税は単なる"絵に描いた餅"**になってしまいます。

つまり、NISAで非常に重要なのは**利益確定のタイミング**なのです。

■ 一部のプロや個人投資家の反応に疑問あり！

しかし、金融庁や一部のプロ、つみたてNISAで投資に目覚めた個人投資家の間には、「世界は長い目で見れば発展・成長していく。その発展・成長に連動して値上がりするインデックスファンドに長期・つみたて・分散投資をしていれば、**ドルコスト平均法**（詳しくは87ページ以降のドリルを参照）の効果もあって必ず報われる」という"暗黙の了

解"があるようです。

「ロシア・ウクライナ戦争や米中対立がエスカレートして第3次世界大戦が起こったら……」「地球温暖化が深刻化して世界中が飢餓に陥ったら……」というのは確かに、あまりにもネガティブな世界観です。

　しかし、米国を中心にした世界経済は2000年の**IT バブル崩壊**、2008年の**リーマンショック**などの金融危機に何度も直面し、そのつど株価が暴落しています。米国で高いインフレ率が続き「**株式の死**」といわれた1970年代から1980年代のような長期低迷が続かないとも限りません。

　そう考えると、「これから下がる」という局面では、いかに長期投資といえども、**いったん利益確定することが大切だ**、というのが私の意見です。

「暴落したあと、いつまた上がりだすかわからないから」という考え方からドルコスト平均法を使った**買い下がりも推奨**されていますが、株価が下落している間は、買い下がれば下がるほど損失が膨らむだけです。

「暴落しそうになったら売って、底打ち反転しそうになったら買うなんて予想は誰にもできないし、当たらない。だからこそ長期投資」という意見もあります。ただ、リスクをとって誰も正確にはわからない未来を予測するのが株式投資の本質です。

「長期投資をしていれば世界経済の発展で必ず報われる」という"思考停止"に近い未来予想をしておきながら、**「暴落が来たらいったん利益確定。大底を打ったら再び買い」**という行動はできないとあきらめるのは早計ではないでしょうか。

「利益確定をしてしまうと、非課税枠を再び埋めるのに時間がかかって、もったいない」という意見もあるようですが、非課税枠は投資で利益を出せてこそのもの。

　非課税枠を活用しないことより、損失が拡大しても損切りしないことのほうがよほど"お金がもったいない"といえるでしょう。逆に非課税枠を再利用できるようになるので、新NISAで投資してダメだったとしても、傷が浅いうちに**損切りすれば翌年以降、新たに非課税枠で再投資**できるようになることを喜ぶべきかもしれません。

・ドルコスト平均法

Q15 NISAで20年間、毎年定額つみたて投資をして儲かる値動きはどれ？（複数回答）

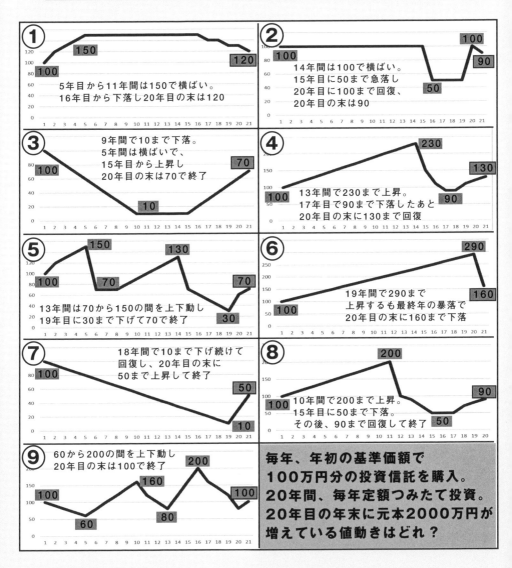

■ つみたてNISAでS&P500への投資が大ブーム

個人投資家の間では、2018年に始まったつみたてNISAを使ったインデックスファンドへの**毎月定額つみたて投資**が大流行しています。

2024年からは新NISAがスタートし、定額つみたて投資の年間投資枠の上限が現行のつみたてNISAの40万円から、新NISAではつみたて投資枠120万円、成長投資枠240万円に拡大されます。総額360万円という年間非課税投資枠の上限額を月々均等割りすると、**毎月30万円**ずつつみたて投資ができます。

投資対象としては、S&P500や全世界株式に連動するインデックスファンドが人気です。

中でも、三菱UFJ国際投信が運用する**「eMAXIS Slim 米国株式（S&P500）」**は、2023年5月1日に純資産総額が初めて2兆円を突破。日本一の投資信託として、今後もますます資産残高が増えるでしょう。

運用コストの安さも考えるなら、新NISAのつみたて投資対象はこの「eMAXIS Slim 米国株式（S&P500）」と、同シリーズの**「eMAXIS Slim 全世界株式（オール・カントリー）」**（日本株も含むタイプ）が、定番中の定番といっていいでしょう。

■ 毎月定額つみたて投資がこれほど流行したわけ

毎月決まった金額で投資信託の定額買いつけを行うと、基準価額が高いときには少ししか買わずに済み、逆に安くなったときにはたくさん買えるので、**平均購買単価を引き下げる**ことができます。

この効果が得られる手法は**「ドルコスト平均法」**といわれ、投資のタイミングがわからない投資初心者にとっても最良の投資法として紹介されることが多いようです。

ネット証券を使えば、銀行口座からの自動引き落としだけでなく、ク

レジットカード決済も可能。まさに"貯金"感覚で始められます。

　そのため、インデックスファンドへの毎月定額つみたて投資は、投資初心者の方が投資デビューするには非常にいい投資対象と投資方法であることは間違いありません。

　それを否定するつもりはまったくありません。

　しかし、最近の SNS などを見ると、あたかも、このドルコスト平均法を使った毎月定額つみたて投資が「100％大正解」で、「元本保証にこだわって銀行に預金するぐらいなら、S&P500 につみたて投資をするほうがよっぽどいいし、絶対に儲かるはず」といった論調も多くなっています。

　その点については、元プロとしては首をかしげざるをえません。

　というのも、ドルコスト平均法を使って 10 年、20 年の長期投資を行ったとしても、**最後の数年の値動き次第**では損してしまうこともあるからです。

　運用期間の最終段階で投資対象となるインデックスファンドが、**期間中の平均購買単価**を超えて上昇していない限り、いくらドルコスト平均法を使って、つみたて投資を続けても、トータルでは元本割れしてしまうことになります。

■ 毎年定額つみたて投資で利益が出る値動きは？

　問題に示した①から⑨のグラフは、20 年間の投資信託の基準価額の推移を示したものです。

　9 パターンの値動きのうち、20 年間、毎年定額つみたて投資をした場合、最終的に 20 年後の年末に利益が出るのはどれか、まずはパッと直感で考えてみましょう。

　当然、投資信託の値動きが**右肩上がりでずっと上昇**していれば、20 年後に利益が出ているはずです。

　多少の上下動はあっても、運用開始 1 年目に比べて運用終了 20 年目の年末の価格が上昇していれば、運用成績がプラスになるのが自然なことのように思えます。

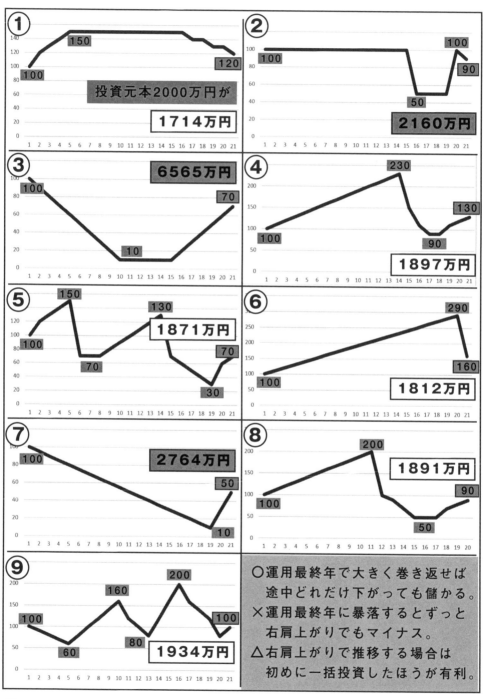

① 投資元本2000万円が **1714万円**

② **2160万円**

③ **6565万円**

④ **1897万円**

⑤ **1871万円**

⑥ **1812万円**

⑦ **2764万円**

⑧ **1891万円**

⑨ **1934万円**

○運用最終年で大きく巻き返せば
　途中どれだけ下がっても儲かる。
×運用最終年に暴落するとずっと
　右肩上がりでもマイナス。
△右肩上がりで推移する場合は
　初めに一括投資したほうが有利。

　ただ、運用途中に大きく上昇したあと、運用終了直前で下落して運用開始1年目の基準価額やそれ以下まで下落した場合はどうでしょう。

　逆に値動きが一貫して**右肩下がりの場合は元本割れ**しているのが明らかでしょう。20年間の運用期間の前半の調子がよくても、後半の調子が悪いと、運用成績がマイナスになるのも、なんとなく予想できるのではないでしょうか。

　左ページの①〜⑨が毎年、年始の基準価額で100万円ずつ、20年間で総額2000万円をつみたて投資した場合の、20年目の年末の基準価額で見た資産評価額になります。

　たとえば、①のように、運用開始当初に勢いよく上昇して基準価額が高止まりしたあと、運用開始16年目から徐々に下落してしまった場合、たとえ20年目の年末の基準価額が運用1年目の基準価額を上回っていても損益はマイナスになります。**途中の高値つかみが響く**からです。

　⑥のように運用中、右肩上がりで上昇を続けても、**運用20年目に大暴落して基準価額が高値の半値近くまで減少**した場合も、意外に思えますが、損益はマイナスで終わってしまいます。

　④や⑧のように運用途中で暴落に見舞われたときもマイナスです。

　⑤や⑨のように運用途中で大きな上下動を繰り返したときも、20年目の年末の基準価額次第で、わずかに損益はマイナスになります。

　では、逆にドルコスト平均法が効力を発揮して運用成績がプラスで期間満了となるのは、どんなときでしょうか。

POINT!!

　　資産の評価額で損益がプラスになったのは、成績がいい順に次の3パターンだけ。

③運用前半に大きく下落して中盤は底ばい、後半上昇。

⑦ずっと下落が続いたものの、最後の2年で急上昇。

②ほぼずっと横ばい、途中下落したもののほぼ戻した。

損益が一番大きなプラスになったのは③です。運用開始10年目まで激しく下落して基準価額が10分の1まで目減りしたあと、5年間底ばいが続き、最後の6年間で運用開始時点の7割まで基準価額が回復したケース。運用資産は**3倍以上**の6565万円まで増加しました。

■ドルコスト平均法の成否は運用終盤の成績次第

　意外なのは、⑦のように運用開始から18年間ずっと下落し続けて、基準価額が100から10まで値下がりしたあと、最後の2年間で50まで挽回したケースがプラスの運用成績に転換したことでしょうか。

　ドルコスト平均法は、一貫して右肩上がりが続くより、運用中にいったん大きく下落して、**安い価格でたくさんの口数**を買い集めたあと、最後に値上がりしたときの投資結果がよくなる不思議な投資法です。

　また、**運用最終盤の基準価額によって運用成績が大きく左右**されます。毎月のつみたて額は少額でも、20年、30年という長期つみたての終了間近には相当な資産総額を投資していることになるからです。

　運用の終了間際に暴落に見舞われると、暴落前に買った分がすべて高値つかみになってしまい、資産全体に悪影響が及んでしまうわけです。

　運用開始1年目に元本の全額を投資した場合、運用最終年に暴落に見舞われても、運用開始時点の基準価額まで下がらなければ、運用成績をプラスで維持できます。そう考えると、全体として右肩上がりの相場が続く場合は、**最初に元本すべてを投資したほうが断然有利**です。

プロの目

- ●ドルコスト平均法は決して万能な投資法ではない。
- ●ドルコスト平均法は、いったん下落して低迷が続いたものの、最後に巻き返すという展開に強い。
- ●逆に順調な右肩上がりの上昇が続いたあと、最後に大暴落するといった展開には弱い。
- ●運用終盤に近づくほど基準価額下落の悪影響を受けやすい。

　ドルコスト平均法の場合、運用途中で基準価額が半値になるような大暴落に見舞われても、最後に巻き返せれば大きな利益を積み上げることはできます。

　しかし、<u>「いったん下がって最後に巻き返す」ということを最初から想定して投資する人</u>なんて、果たしているでしょうか。

　多くの人は大切なお金を投資する以上、投資対象が右肩上がりで上昇していくことに期待して投資を始めるはずです。

　そう考えると、ドルコスト平均法の効果というのは、ほかのプロも指摘しているように「投資期間の途中で暴落しても最後に巻き返せばなんとかなるよ」という **"気休め"** 程度のものでしかないように思えます。

■ 運用の中盤から終盤で半分だけでも利益確定すべき

　むろん、月々の収入の中から投資に回せるお金が 1 万円、2 万円……と少額しかない人は、たとえ右肩上がりがずっと続くと思っている投資対象でも、一括投資はできず、毎月定額のつみたて投資しかできない面もあります。

　そういった方が少額資金を投資にこつこつ回して、資産形成に励むことを否定するつもりはまったくありません。

　ただ、プロからすると、投資は利益を出すために行うものです。

　たとえば、<u>運用 10 年目で投資した元本が 2 倍に増えたら、半分だけ利益確定</u>してもいいわけです。

　一貫して右肩上がりの相場といえども、暴落はつきもの。

「ここからは下げるかもしれない」と思ったら、長期投資が大前提でも利益を確定して様子見すべき、とプロなら考えます。

「20 年間ずっと長期投資すると決めたのだから、<u>どれだけ儲かってもまだ利益を確定しない</u>」という考え方は、単なる根性論や精神論でしかありません。

　下げ相場が続いているにもかかわらず、その下げ相場につき合うのは、たとえ非課税投資だとしても時間の無駄です。貴重な NISA の非課税枠を使い切れないのが "もったいない" と思っても、せめて相場が大

底を打って底ばいに転じるところまでは投資しないで待ちたいものです。

　基準価額が大底を打ち、**これから反転上昇しそうだと思えるタイミング**が来たところで非課税投資を再開しましょう。チャンスだと思うなら、別に非課税口座だけではなく、課税口座も使って投資してもいいでしょう。

　貯蓄と違って、投資は先の見えないものに自分の大切なお金を投じるハイリスクな行為です。だからこそ、**自己責任でしっかり「これから上がるか、下がるか」を予測すること**が大切です。

　自分の頭で値動きを分析し、ある程度は世界経済の行方を判断していかない限り、資産を2倍、3倍に増やすのは難しいと思います。

儲けのツボ!

プロが考えるNISAの"落とし穴と改善策"
- ●ドルコスト平均法が最も強いのは「ずっと下がっていたものの、最後に一発逆転」という非常に特異な値動き。
- ●ドルコスト平均法でも損することはあるし、世界や米国経済がずっと右肩上がりで成長するかどうかもわからない。
- ●いかに長期投資といえども、買い時や売り時を自分なりに見極める相場観や大局観を養うべき。
- ●利益確定や損切りは、どんな投資スタイルであっても避けて通ることはできない。
- ●非課税投資だからといって、下がり続けているときに買うのは無意味。損をするだけ。
- ●新NISAの貴重な非課税枠の一部は、インデックスファンドへのつみたて投資以上の利益を出せる可能性がある個別株投資に使うべき。
- ● NISAだけでなく、下げ相場でも利益を出せる投資手法（信用取引のカラ売り、日経平均先物取引や株価指数CFDのショートetc.）も、ゆくゆくは学んだほうがいい。

・NISA 攻略法

成長投資枠を使った元プロの私の新NISA攻略法は？

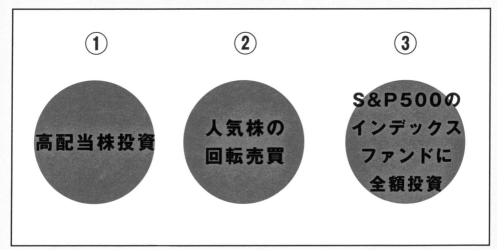

① 高配当株投資

② 人気株の回転売買

③ S&P500のインデックスファンドに全額投資

!ヒント!

!!

　ここまで読み進めてくださった読者なら、元プロの私が新NISA口座で投資したいターゲットがすぐにわかるでしょう。①の高配当株投資の場合、2023年5月現在の日経平均株価採用銘柄の平均配当利回りは2％台。毎期の年間配当を非課税で受け取りながら株価の上昇に期待することになります。②のその時々の人気株の場合、短期間で株価が2倍、3倍になるのも夢ではありません。③のインデックスファンドの有力投資対象である米国の株価指数・S&P500の年間平均リターンは過去20年で約7％、過去10年で約14％といわれています。プロが好む投資対象はどれ？

A16 | 私なら②の人気株の回転売買で積極的に利益を増やす

　個別株にも投資できる新 NISA の成長投資枠の年間 240 万円に関しては、**②の人気の高い個別株**を毎年、回転売買して、最低でも 20 〜 30% の利益を狙いにいきたいと元プロの私なら考えます。

　より時間軸が長い中長期投資も考えられます。たとえば、好業績で株価が右肩上がりの優良株や成長株が上場来高値や年初来高値を更新したタイミングを狙って**毎年 240 万円ずつ、5 年間にわたってピラミッティング**（含み益がある株をさらに買い増してポジションを積み増していく手法）していきます。そして、5 年以内をめどに、総額 1200 万円の成長投資枠の資金を 2 倍、3 倍に増やすことを目指します。

　新 NISA の非課税期間には期限がないので、そのまま長期保有すれば**株価 10 倍高**も夢ではないかもしれません。当然、その過程では、いったん利益確定して、翌年に復活した非課税枠を再利用してまた買い直す、といったポジション調整も必要です。新 NISA は投資の利益にかかる **20.315%** の税金が非課税になる制度。①の高配当株や③のインデックスファンドで年率 20% のリターンを得るのは至難の業です。②の人気株の株価上昇に乗って、より多くの利益を稼いだほうが非課税枠を有効活用できます。過去に投資していたら成功した事例を紹介しましょう。

儲けのツボ！

- ●2021年〜2023年の海運株や商社株（日本郵船や三菱商事）
- ●紙おむつのユニ・チャーム、半導体切削装置のディスコ、ゲームのカプコンなど、上場来高値更新の常連銘柄
- ●カーコーティングの KeePer 技研、戸建て住宅のタマホームなど、急成長が続く中小型株

・S&P500 投資法

NISAの投資対象として大人気の 米国株価指数・S&P500。 元プロの私ならどう投資する?

①老後までバイ＆ホールド

②年足の高値更新で買い、安値割れで利益確定

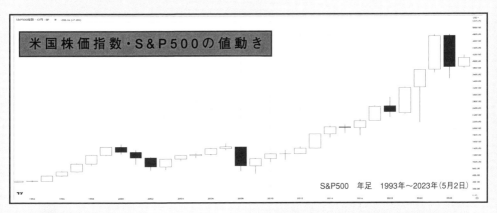

米国株価指数・S&P500の値動き

S&P500　年足　1993年〜2023年（5月2日）

! ヒント !

　S&P500 の 2021 年 12 月末の終値は史上最高値圏の 4766.18 ポイントに到達しました。過去からの上昇率を見ると、1980 年から 42 年間で 44.8 倍、1990 年から 32 年間で 13.5 倍、2000 年から 22 年間で 3.2 倍、2010 年から 12 年間で 4.3 倍の上昇率です。ただ 2000 年からの上昇率が 2010 年からの上昇率よりも低いように、2000 年の IT バブル崩壊、2008 年のリーマンショックなどにより年単位では陰線となり、下落相場が続いた年もあります。

A 17 私なら②の年足チャートの高値更新で買い、安値割れで利益確定を繰り返す

■S&P500がターゲットでも利益確保は大切

　私がNISAを使ってS&P500のインデックスファンドに非課税長期投資するとしたら、①の老後までバイ＆ホールドという戦略をとらず、S&P500の年足チャートを使って買いと売りのタイミングを判断します。

　下の図は問題の図と同じ**1993年からのS&P500の年足チャート**ですが、やるべきことは非常に単純で、**ローソク足が1つ前の高値を超えたら買って**長期保有。**ローソク足が1つ前の安値を割り込んだらいったん利益確定**して様子見。再びローソク足が1つ前の高値を超えたところで再度買い直すという投資戦略で臨みます。過去のS&P500はずっと右肩上がりで上昇してきたので、上記のルールでも頻繁に売買を繰り返

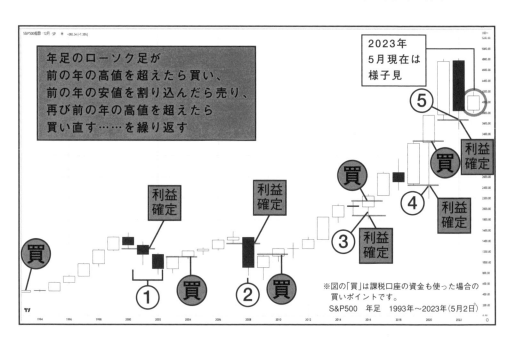

年足のローソク足が
前の年の高値を超えたら買い、
前の年の安値を割り込んだら売り、
再び前の年の高値を超えたら
買い直す……を繰り返す

2023年
5月現在は
様子見

※図の「買」は課税口座の資金も使った場合の買いポイントです。
S&P500　年足　1993年〜2023年（5月2日）

す必要はなく、期間中の大半は**結果的にバイ&ホールド**になっています。

　図でもわかるように、この戦略をとることで2001年〜2002年の下げ相場（①）や2008年のリーマンショック（②）による暴落のダメージを回避することができました。

　その半面、2016年の下ヒゲ③や2020年のコロナショックの下ヒゲ④でいったん利益確定した場面では、その後、短期間で上昇に転じたため、上昇幅の一部を取り逃がすことになりました。

　2022年の大陰線の安値更新での利益確定（⑤）は、前年2021年の大陽線による上昇で得た利益がすべて帳消しになる地点でした。

　ただ、それは結果論。2008年のリーマンショックのときのように、安値を更新して相場が下落するリスクがある局面では、それまでの利益を確保して失わないことのほうが大切だと私は思います。

■ 非課税枠が振り出しに戻ることより利益確保が大切

　NISA口座の場合、いったん売却するとこれまでの**非課税投資金額が振り出しに戻ってしまうこと**（次の高値更新からまた新たに年間の非課税投資枠を使って投資再開）が、**利益確定をためらわせる原因**でしょう。しかし、下げ相場が続くリスクが高い期間に、非課税投資枠が"もったいない"という理由で焦って投資する必要はありません。

　老後の資産形成は20年、30年をかけて行う長丁場です。損する可能性のある時期まで、**利益が出ないと無意味になってしまう非課税枠**を使って投資するというのは逆効果です。実際、2016年や2020年の下落は売却ルールに合致していったん利益確定になりましたが、再び前の年の高値を超えたので翌年以降、新規買いを再開して、その後の上昇に乗ることもできました。

　過去のS&P500は一貫して右肩上がりで上昇してきましたが、将来どうなるかは誰にもわかりません。だからこそ、「**年足チャートの前年のローソク足の高値更新で買い、安値更新で売り**」が超長期投資の正しい手法だと私は思います。長期投資でも利益確定は非常に重要なのです。

　たとえば、次のページの図は**米国のハイテク株指数・NASDAQ100**

の年足チャートですが、**1987年から2000年までの約14年間、2010年から2021年までの約12年間**は一度も前年の安値を割り込むことなく上昇が続いています。NASDAQ100に連動するインデックスファンドは現行のつみたてNISAや2024年から始まる新NISAのつみたて投資枠では投資できません。しかし、**過去の上昇力はS&P500以上**ですので、新NISAの成長投資枠や課税口座を使ってでも、高値更新で買い、安値更新で利益確定の長期投資の対象にするのもいいでしょう。

　ただ、2022年の大陰線が2021年の安値を下回り、まだ2023年（5月2日現在）のローソク足が2022年の高値を超えていないので、図の最先端のNASDAQ100（98ページのS&P500も同様）は、**様子見すべき段階**。まったく買いではありません。SNSなどでは「S&P500やNASDAQ100は過去の歴史から見て、絶対右肩上がりで上昇する。これから下がるといっている人は売り煽りしてるだけ」といった"過去の実績信者"も多いですが、下がっているときに買って、今後もっと下がったら、いったい老後はどうするつもりなんでしょう、と私は思います。

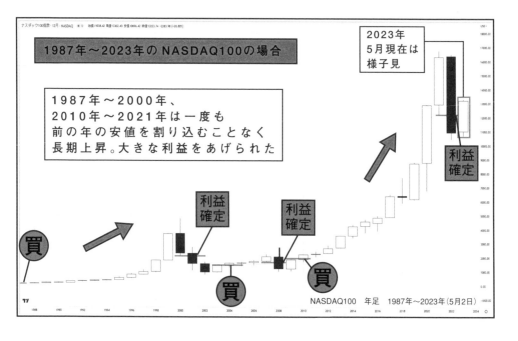

1987年～2023年のNASDAQ100の場合

1987年～2000年、
2010年～2021年は一度も
前の年の安値を割り込むことなく
長期上昇。大きな利益をあげられた

2023年
5月現在は
様子見

利益確定

利益確定

利益確定

買

買

買

NASDAQ100　年足　1987年～2023年（5月2日）

・株価と金利

図の1941年〜2021年の米国の10年国債金利とS&P500の値動きにはどんな関係がある?

①金利が上昇すると株価は上がりやすい

②金利が上昇すると株価は上がりにくい

③金利と株価には関係性はない

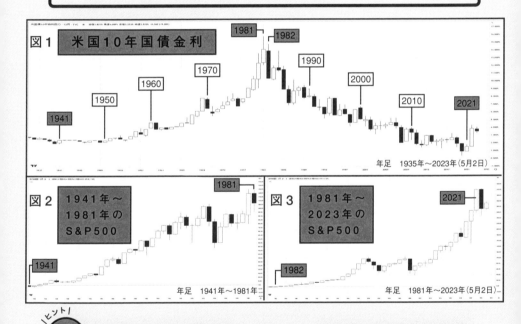

図1　米国10年国債金利

1981 1982 1990 2000 2010 2021
1970 1960 1950 1941

年足　1935年〜2023年(5月2日)

図2　1941年〜1981年のS&P500

1941　1981

年足　1941年〜1981年

図3　1981年〜2023年のS&P500

1982　2021

年足　1981年〜2023年(5月2日)

!!ヒント!

　米国の10年満期の国債は1981年をピークに、前半の1941年〜1981年の41年間は金利が上昇、後半の1982年〜2021年の40年間は下落しています。それぞれの期間のS&P500の値動きと比較してみると……?

■ 金利と株価は反比例に動くことが多い

　下の図は問題の図を再掲載したものです。

　図1の米国10年国債の1935年から2023年5月2日まで88年半に及ぶ年足チャートを見ると、1941年から1981年までの41年間、米国10年国債の利回りは上昇トレンド。その後、1981年をピークに1982年から10年国債の利回りは下落に転じ、2021年まで40年間は下降トレンドだったことがわかります。そして、2022年から再び米国10年国債の利回りは前年高値を上回り、上昇に転じています。株価と金利には密接な関係があり、金利が上昇すると、債券のほうが利息収入を確実にもらえる分、リスクが低いので、価格変動の激しい株式の魅力は落ちます。つまり正解は②**の金利が上昇すると株価は上がりにくい**になります。

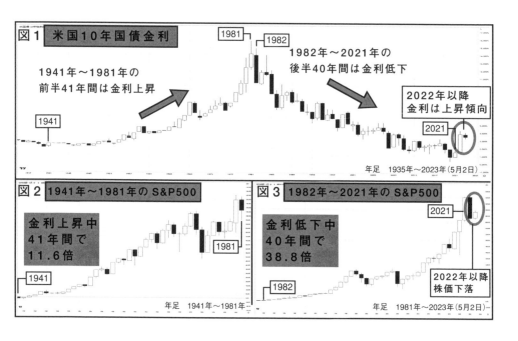

実際、問題の**図2**は S&P500 の 1941 年から 1981 年の年足チャート、**図3**は 1981 年から 2023 年 5 月 2 日までの年足チャートですが、上昇率には明らかな差があります。

1941 年始値から 1981 年終値まで S&P500 は 41 年間で**11.6 倍**になりました。一方、1982 年始値から 2021 年終値までは、40 年間で株価は**38.8 倍**まで上昇しているのです。これが同じ時期の NY ダウ工業株 30 種平均（以下、NY ダウ）だと、1941 年始値から 1981 年終値までの 41 年間は**6.7 倍**。一方、1982 年始値から 2021 年終値まではほぼ同じ 40 年間で**41.5 倍**も値上がりしています。米国のハイテク株指数・NASDAQ 総合指数は、1982 年始値から 2021 年終値までの 40 年間で**80 倍**も上昇しています。ただ、NASDAQ 総合指数は 1971 年に算出が始まった比較的新しい指数なので、金利上昇が続いた 1941 年〜 1981 年の 41 年間の倍率は計算できません。

■ 株価と金利の関係を示した 「配当割引モデル」

金利が高いと株価のパフォーマンスが悪くなるのは**「配当割引モデル」という理論株価の算出法**を見ると理解できます。

下の図がその計算式ですが、この数式の中の D が株主配当利回りで r が金利です。金利が上昇すると分母にある r の値が大きくなります。分子の配当利回り D が変わらないと、金利が上昇して分母が大きくなることで、理論株価がどんどん低くなっていきます。

理論株価の計算式

配当割引モデル

$$\text{理論株価} = \sum_{t=1}^{\infty} \frac{D_t}{(1+r)^t}$$

D は配当利回り
r は金利
t は期間

1941 年から 1981 年にかけて金利が上昇していても S&P500 や NY ダウが上昇できたのは、r（金利）の上昇以上に D（配当利回り）が上昇したからです。逆に 1982 年から 2021 年にかけては**分母の金利 r が 40 年間にわたって低下**したことで、理論株価もどんどん上昇していったというわけです。

■ 40年サイクルで見たら今後は金利上昇？

　しかし、2022 年は米国の 10 年国債金利が大きく上昇し、40 年間続いた下降トレンドのレジスタンスラインをブレイクしています。

　そのせいもあり、2022 年の米国の株価指数は、NY ダウがマイナス 8.7％、S&P500 がマイナス 19.6％、NASDAQ 総合指数にいたってはマイナス 33.4％も下落。もし、今後、米国 10 年国債の金利が、約 40 年以上ぶりに年足レベルで**上昇トレンドに回帰**した場合、株価指数のパフォーマンスはかなり悪くなることが予想されます。

　つみたて NISA の大流行で、日本の個人投資家の間では、「過去 30 年の S&P500 や NASDAQ 総合指数のパフォーマンスを見たら今後も絶対上昇する」といった見解が大勢を占めています。しかし、S&P500 や NASDAQ 総合指数が急激に上昇したのは、**金利が 40 年間もずっと低下し続けるという特異な相場環境**だったから、といえないこともないのです。インデックスにこだわると、インデックスの調子が悪いともうお手上げになってしまいます。個別株を投資対象にして、きちんと銘柄選別できるようになれば、金利が上昇する局面でも株価が何倍にも上昇するような株をいくらでも探せます。

　逆に**信用取引のカラ売りや指数先物取引、CFD** を活用すれば、個別株やインデックスの株価の下げを利益にかえることもできます。

　いつまでも初心者でいる必要はありません。

　老後のために効率よく資産形成をしたいなら、年率 10％前後のリターンがせいぜいのインデックスファンドへの投資だけでなく、株価 2 倍、3 倍も夢ではない個別株投資についても、ぜひ勉強していただけるといいのではないかと思います。

メインデッシュ

MAIN DISH

複雑な
味つけはいらぬ!
シンプルなのに稼げる
3つの分析法

■ 株価チャートは必ず見る。その見方を覚える

　もし株価を予測するための関数を作るとしたら、それは「株価＝f（ファンダメンタルズ、需給、出来高……）」といった数式になるでしょう。

　株価に影響を与える変数があまりに多いため、4次元、5次元、6次元……に及ぶ多変数関数の計算は非常に複雑です。

　現状ではAI（人工知能）ですら、まだ正確には予測できません。

　ただ、一つだけ確実にこれは真実といえることがあります。

　それは、株価を動かす要因はさまざまあるものの、すべての情報が株価に反映され、株価自体は1000円、1100円、1200円……といった非常にわかりやすい価格として変動しているに過ぎない、ということです。

　よくいわれる「株価はすべての情報を織り込む」というのは真実以外のなにものでもないのです。

「今、値動きがどうなっているか」を曇りのない目で見ること。それがテクニカル分析の基本です。

■ プロの基本は「高値更新で買い、安値更新で売り」

　では、株で利益をあげるためになにが必要かというと、買いの場合は株価が上昇しない限り、利益をあげるのは不可能です。

　株主配当というインカムゲイン（定期収入）に期待する投資家もいますが、それはあくまでおまけ。株式投資の目的は買った株が値上がりして、キャピタルゲイン（値上がり益）を得ることです。

　それでは、株価が上昇し続けるというのはどういうことでしょうか？

　株価が上がるのは、もともと1000円だった株に対して「1100円出してもいいので売ってほしい」「いや、こっちは1200円出しても買いたい」というように、高値を買いにいく投資家が続々と出現するときです。

　高値を更新し続けない限り、株価は上昇を続けることができません。1000円だった株価が1100円になり、1100円だった株が1200円になることがすなわち株価が上がることですから、高値更新＝株価の上昇です。

　逆に、株価が下がるのは安値を更新し続けること以外にないこともわ

かるでしょう。プロはこの当たり前の真実に従って株を売買します。

|プロの目|

●株価が高値を更新したときに株を買う（下の図参照）。
●株価が安値を割り込んだときに株を売る。
具体的には（短期売買の場合）、
●ローソク足が直近の高値を超えたら買いを入れる。
●ローソク足が前のローソク足の安値を下回ったら売る。

　特に私はどんな時間軸でも、高値更新で買いを入れ、安値更新で買った株の決済（利益確定でも損切りでも同じです）、もしくは新規のカラ売りを入れています。デイトレードのような短期売買でも数か月の中長期投資でもまったく同じです。それをローソク足チャートで示したのが下の図になります。株の買い方には**高値ブレイク、押し目買い、底値買**

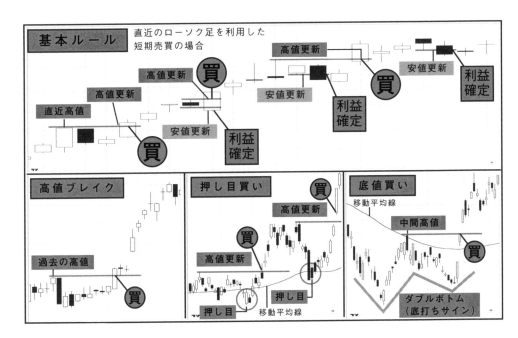

いなど、さまざまなものがありますが、各ケースで私ならどこで買いを入れるかの具体例も示しました。私はあまり底値買いをしませんが、もし底値で買う場合でも、必ず直近高値更新を確認してから買うでしょう。下がっている株を「安いから」「お買い得だから」「下がり過ぎだから、そろそろ上がるだろう」という理由で買うことは絶対にありません。

■株価は前の高値・安値を試しにいく動きを繰り返す

そもそも株価は、少し上昇すると上昇前の安値で買った投資家の**利益確定**が必ずあるため、少し下落し、少し下落すると高値でカラ売りした投資家の利益確定の買い戻しでまた少し上昇し……というような**ジグザグな動き**をします。すべての投資家は利益を出すために株を売買しているので、必ず利益確定の反対売買で相場が逆方向に動くからです。ジグザグな値動きの山の頂点が高値、谷の底が安値になります。

株式相場は、まず過去の高値が超えられるかを試しにいき、次に過去の安値を割り込むかを試しにいき、安値を試し終わったら、今度は再び前の高値を試しにいき……という動きを繰り返します。

●高値はその時々の相場で誰もそれより上で買う人がいな
かったポイント、安値はその時々の相場で誰もそれ以上
安値で売る人がいなかったポイント。
●相場は「高値を超えられるか、安値を割り込めるか」を
試しにいくような動きでジグザグの上下動を繰り返す。

安値をつけたあと、高値を試しにいき、今度は安値を試しにいくわけですが、「前の安値が本当に最安値なんだろうか」と試しにいって、その安値を下回らずに再び上昇に転じることで、投資家は「前の安値は本当に最安値だったんだ」と納得します。

そして再び高値を試しにいき、その高値を超えて株価が上昇したとき、初めて「この株はもっと高値を買ってもいいんだ」というコンセンサスが投資家の間に生まれます。それが株価上昇の原動力になるわけです。

さらに先ほど試しにいった安値が当面の最安値ということが確認できたわけですから、「下値不安がなくなったので、だからこそ買いだ」と買い優勢の相場に転換するのです。

では、どうして過去には、それ以上、高い株価で誰一人買うことがなかった高値の更新が起こるのでしょう。

それは時間が経過することで、「ファンダメンタルズが改善した」「マーケット全体が上昇傾向にある」「世界中の株価が上昇している」といったように、その株を取り巻く、さまざまな新しい情報が更新され、蓄積されるからです。

時間の経過と新たな情報の蓄積によって、過去にはそれ以上の上値で誰も買うことのなかった高値を超えても買ってくる人が出てくる、というわけです。そして、それを見た投資家たちの間に「前の高値より上で買ってもいいんだな」というコンセンサスが形成されることが高値更新につながります。

それは安値の場合も同じ。安値というのはそれよりも安い値段で売る人が誰もいなかった価格です。しかし、時間が経過することで、新たな悪い情報が蓄積され、「前の安値よりも下の値段まで売りにいってもいい」というコンセンサスができあがって売られることになります。

コンセンサス（**力関係や需給**といい換えてもいいでしょう）の変化は、実際の取引で過去の高値や安値が更新されたときに初めて明らかになります。だからこそ、私は高値更新で買い、安値更新で売る、という非常にシンプルな売買手法で株の取引を行っている、というわけです。

■難しいことをできるだけシンプルに考える

個人投資家の方からすると、プロはプロといわれるぐらいだから非常に小難しくて、複雑な売買理論で、株を買ったり売ったりしていると思われるでしょう。しかし、実際のプロの投資行動はきわめてシンプルな

ケースがほとんどです。

　むろん、高度な情報分析やコンピュータの力を借りて、需給の偏りを読み、高速売買を仕掛けるような**アルゴリズムトレード**もあります。

　しかし、それとて、結局は市場に出ている買い注文・売り注文の力関係を分析し、人間の能力を超えたコンピュータによる高速売買で先回りして買いや売りを入れる点では、買い手と売り手のコンセンサスや需給に注目して売買していることに変わりありません。

　多様な変数によって複雑に動く株価というものを的確にブレることなくとらえるためには、できるだけシンプルに考えることが大切です。そのためには、使う道具もなるべく絞ったほうがいいでしょう。

POINT!!

テクニカル分析に必要な道具はたった３つ。
「ローソク足」「過去の高値・安値」「移動平均線」。
このほかに「チャートパターン」「トレンドライン」「板読み」
などをある程度マスターすれば十分！

　ローソク足は「今、いったい、どういった値動きになっているのか」を知るために必要不可欠です。

　過去の高値・安値も私の手法が「高値更新で買い、安値更新で売り」である以上、必須の注目ポイントです。

　過去の高値同士や安値同士を結んだ**トレンドライン**、そのラインの形状から株価の未来を占う**チャートパターン**もマスターしましょう。

　移動平均線は株価の大きな流れ、すなわちトレンドを把握するために使います。いわば状況判断の道具です。

　基礎をしっかり身につけて、簡単なことを的確に、間違えず、大胆かつ柔軟にできるようになれば、プロが相手でも十分、戦えます。それではローソク足の見方からチャート分析のドリルを始めましょう。

・１本のローソク足

A ～ Dのローソク足が示す 値動きは①～⑨のどれ？ （複数回答）

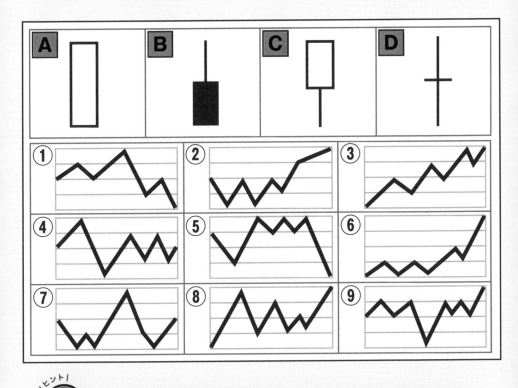

ヒント！

!!

　１本のローソク足には、そのつど設定した期間中の始値・高値・安値・終値という４つの価格情報が盛り込まれています。陽線の場合、始値は実体の下辺、終値は実体の上辺。陰線の場合は逆で、始値は実体の上辺、終値は実体の下辺。高値は上ヒゲの先端、安値は下ヒゲの先端です。

A
19 | Aは③⑥⑧、Bは①⑤、Cは②⑨、Dは④⑦

　ローソク足チャートは江戸時代、米相場の値動きを記録するために作られた日本独自のグラフです。1本のローソク足だけを見ても、その形状からその期間中の値動きがわかります。

　ローソク足1本は長方形の実体とその実体の上と下に伸びる上ヒゲ、下ヒゲで構成されています。期間中に株価が上昇していれば実体は白い陽線で、下落していると黒い陰線で表示されます。

POINT!!

陽線か陰線かで方向性、上ヒゲと下ヒゲで値幅を見る。
●陽線なら実体部分の下辺から上辺まで上昇した、陰線なら実体部分の上辺から下辺まで下落したことを示す。
●陽線でも陰線でも値動きした値幅は上ヒゲと下ヒゲの間。

　まずは陽線か陰線かに注目し、次に実体部分の長さや上ヒゲ・下ヒゲの長さなどを確認しましょう。

　Aは「大陽線」と呼ばれ、期間中、一貫して上昇が続いて、始値＝安値、終値＝高値である点が特徴です。その銘柄に好材料が出て投資家の評価が劇的に好転したときに出現し、その後も上昇が続くことが多いので注目度No.1といえます。Bは「上影陰線」と呼ばれるローソク足。相場開始後に大きく上昇して高値（上ヒゲの先端）をつけたものの、その高値を維持できず、始値を割り込んで大きく売られてしまった線です。Cはその逆の「下影陽線」。安値からの反発力に注目しましょう。Dは「寄引同時線」。株価が上下に大きく振れたものの、結局、始値と終値が同値で終わった線です。買い手と売り手が互いに攻め合ったものの、結局、その攻防が引き分けに終わったことがわかる足になります。

・2 本のローソク足

Q 20 A ～ D のローソク足の組み合わせが示す値動きで間違っているのはそれぞれ①～③のどれ？

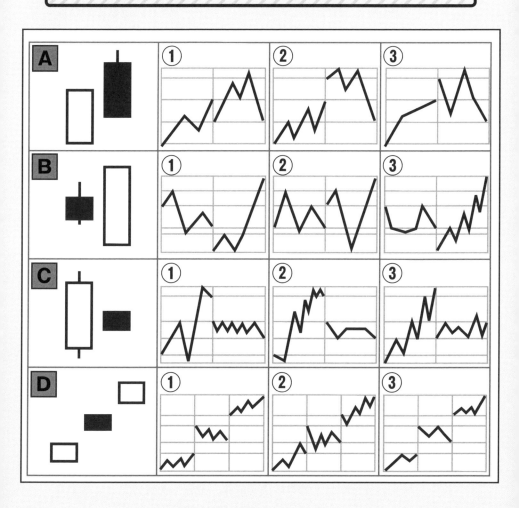

株式市場は9時〜15時の間しか取引が行われないため、通常、日足チャート上の前のローソク足の終値と次のローソク足の始値の位置は異なります。2本のローソク足の間に**窓**（価格差）が開いて、まったく重なっていないこともあります。そのため、各ローソク足の**値動きの起点と終点、方向性**をしっかり確認する必要があります。

　Aの組み合わせは**「かぶせ線」**と呼ばれ、前のローソク足の上昇の勢いが続いて、次のローソク足が大きく上放れて高く始まったものの、ほぼ**寄り付き天井**（始値が一番高い状態）となり、最終的に前のローソク足の実体の中心以下で終わる形。上昇の勢いの失速を示しています。

　Bは**「陽の包み足」**と呼ばれ、陰線だった前のローソク足の終値から大きく下放れて始まったものの、そこから反転し、前のローソク足の値幅すべてを包み込むような上昇で終わった形です。大底圏や相場の**中段保ち合い**（トレンドの途中の横ばい相場）で出現すると、底打ちやトレンド相場が再開するシグナルになります。

　Cは**「はらみ線（陽の陰はらみ）」**といいます。前のローソク足が大陽線で終わったものの、次のローソク足がその値幅の中で小幅下落した形。上昇の勢いが休止して、相場が迷っている状況です。このあと、前のローソク足（大陽線）の高値を超えたら上昇の勢いが強い、安値を割り込んだら下落の勢いが強いと判断します。

　Dは陽線→陰線→陽線が窓を開けて3本並んだ形です。真ん中に陰線があるものの、全体として見ると前日の終値を上放れて翌日の取引が始まっているため、上昇の勢いが非常に強い形です。真ん中の陰線が陽線だった場合は**「三空踏み上げ」**といいます。三空踏み上げのあと、かぶせ線（Aのような陽線→陰線の組み合わせ）や**始値と終値が同値の寄引同時線**が出ると、相場が天井を打った可能性を示すといわれています。

　ローソク足の分析は日本独自の**酒田罫線**、欧米で主流の**プライスアクション**など、さまざまな読解法があるので参考にしましょう。

Q21

・3 本のローソク足

A 〜 D のローソク足の組み合わせが示す値動きは①〜④のどれ？

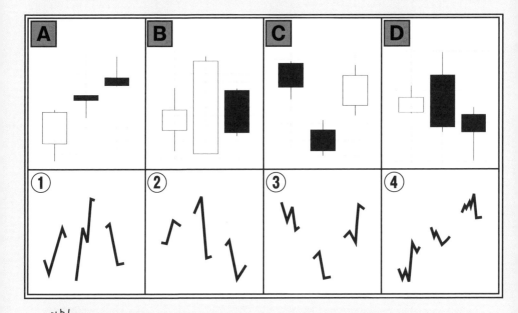

!ヒント!

!!

　日本市場の取引時間は土・日・祝日を除く平日 9 時から 15 時。取引が行われていない時間に決算発表があったり、夜間の米国市場などで大きな値動きがあったりすると、日足チャートの前日の終値と翌朝の始値の間に窓が生まれます。ローソク足を組み合わせて見るときは、不連続な値動きの起点と終点はどこか、方向性は上か下かに気を配りましょう。ちなみに先物取引や FX、CFD の場合はほぼ 24 時間取引が行われていることが多いので、土・日・祝日を挟んだ取引を除き、前日の終値とほぼ同値で次の日の始値がスタートします。

A
21 | Aは④、Bは①、Cは③、Dは②

ローソク足はマーケットが発する"言葉"のようなもの。複数のローソク足を組み合わせて見ることで、その背景にある**投資家心理や買い手・売り手の力関係を想像**できるようになりましょう。

たとえば、Aの組み合わせのように、陽線のあと、ほぼ窓を開けて上昇したものの、取引時間中（**「ザラバ」**といいます）に下落して陰線で終わるケースもあります。ぱっと見ると、陽線のあと2本連続で陰線が出ているので勢いが弱いようにも見えますが、ともに前のローソク足の終値を上回って終わっているので、上昇の勢いはそれなりに強いと判断します。

一方、Bは**「両はらみ」**と呼ばれる組み合わせで、真ん中の大陽線だけ見ると強いようにも思えますが、その値幅内で値動きがとどまっているので相場が迷っている状況です。

ローソク足を組み合わせて見るときは「結局、**上方向に上昇**しているのか、**下方向に下落**しているのか」「**全体の値動きのレンジ（値幅）**はどうなっているのか」に注目しましょう。

Cは陰線→窓を開けて陰線で大きく下落したものの、再び窓を開けて反転上昇した組み合わせ。安値圏で出現した場合は株価の底打ちと反転上昇のシグナルになります。真ん中のローソク足が陰線でなく、上ヒゲ・下ヒゲの長さが同じぐらいの寄引同時線（**「十字線」「星」**とも呼ばれます）だった場合は**「明けの明星」**と呼ばれ、典型的な反転上昇シグナル。

Dは1本目の小陽線と2本目の大陰線で**陰の包み足**を形成し、上昇の勢いが失速するパターン。**長い上ヒゲ**が伸びているので、天井圏で出現したら下落シグナルになります。その後、3本目も陰線で大きく下げましたが、安値圏で買いの勢いが強まり、今度は**長い下ヒゲ**をつけて多少戻しました。下げ方向の勢いが強いものの、このまま一直線で下げるかどうか迷っている状況といえます。Dの組み合わせのように、ローソク足の**ヒゲの長さ**には絶えず注意を払いましょう。

Q 22

・天底のローソク足

A～Dは相場の大底圏や天井圏の値動きです。直近のローソク足の組み合わせから見てこのあと、上がる？　下がる？

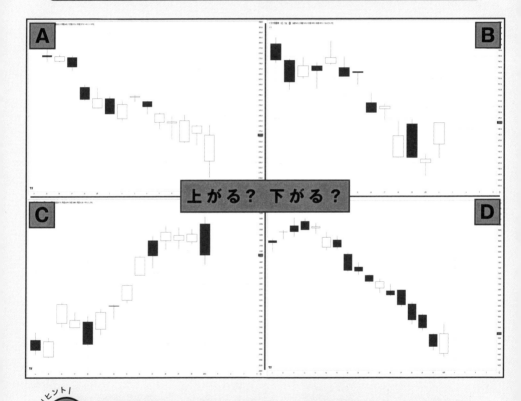

上がる？ 下がる？

!ヒント!

!! 　A～Dは相場の天井圏や大底圏の値動きです。それぞれのチャート右側の最先端部分には、底打ちや天井打ちのシグナルと考えられるローソク足の組み合わせが出現しています。

A
22 | A上がる、B上がる、C下がる、D上がる

　問題の A は下落が続いているものの、直近5本のローソク足がすべて陽線で**取引時間中は反発**して終わっていて底堅さも感じられます。最先端には下ヒゲの長い大陽線が出現。**大底圏の長い下ヒゲ**は反転上昇シグナルになります。その後は下の図のようにゆっくり上昇しています。

　B は大底圏で大陰線→小陽線→ほぼ窓を開けて下影陽線が続き、反転上昇シグナル・**明けの明星**に近い形が完成。その後は下の図のように、大きな窓を開けて大陽線と続き、勢いよく上昇しています。

　C は天井圏で前の小陽線全体を包み込む大陰線が出現。この組み合わせは**陰の包み足**で下落シグナルです。その後は下の図のように、陰線が連発し、典型的な天井打ちとなりました。D は C の逆。大底圏で**陽の包み足**が出現。小陰線→大陽線という2本のローソク足を1本にまとめると、下ヒゲがとても長い小陽線（始値と終値がほぼ同じ）になります。

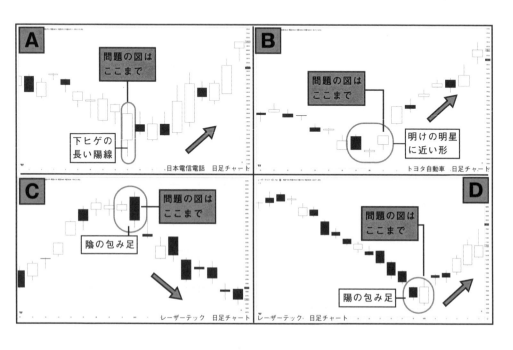

・ローソク足とダマシ

A～Dの値動きのあと、上がる？　下がる？　ダマシのシグナル（2つ）もあるので見つけてください

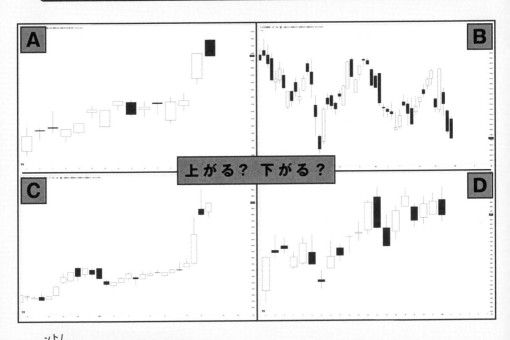

上がる？　下がる？

! ヒント !

　ローソク足のシグナルが教科書通り当たるとは限りません。テクニカル指標が発するシグナルがハズれることを「ダマシ」と呼びます。ダマシが発生した場合、「これは、その逆方向の動きが加速するシグナルになるのではないか」と疑いましょう。ダマシも立派なシグナルになりうるのです。

A 23 | Aは下がる、Bはダマシで上がる、Cはダマシ気味に上がる、Dは下がる

　Aは大陽線のあと、さらに上昇して始まったものの陰線で終わった弱い値動き。その後、下落しました。Bはレンジ相場の下限近辺で大陰線が2本続いた形。かなり弱い組み合わせですが、直後に反転上昇。一種の**ダマシ**となり、その後はレンジ相場の上限を突破して上昇しました。**ダマシが逆方向へのシグナル**になった形です。Cは大陽線で急騰後、窓を開けて上ヒゲの長い小陰線が出現。ここで長い上ヒゲ＝下落シグナルと単純に考えてしまうのは間違い。次の陽線が高値圏で踏みとどまっているので、まだ上がるか下がるかわからない状況です。その後、横ばいで推移し、さらに上昇しました。Dは天井圏で何度も上ヒゲが出て、最後のローソク足も上ヒゲのラインに頭を抑えられて上影陰線に。**天井圏での上ヒゲ連発は下落シグナル**の典型例です。

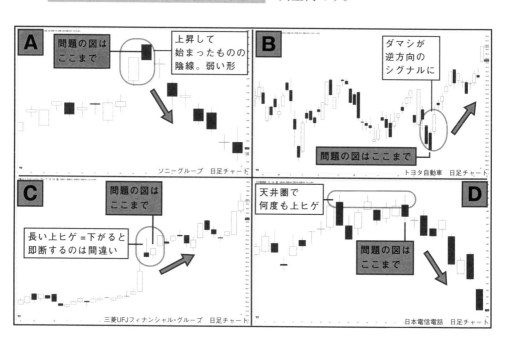

A 問題の図はここまで　上昇して始まったものの陰線。弱い形
ソニーグループ　日足チャート

B ダマシが逆方向のシグナルに　問題の図はここまで
トヨタ自動車　日足チャート

C 問題の図はここまで　長い上ヒゲ＝下がると即断するのは間違い
三菱UFJフィナンシャル・グループ　日足チャート

D 天井圏で何度も上ヒゲ　問題の図はここまで
日本電信電話　日足チャート

Q24

・大陽線

チャート上に大陽線が出現。
このあと、上がる? 下がる?

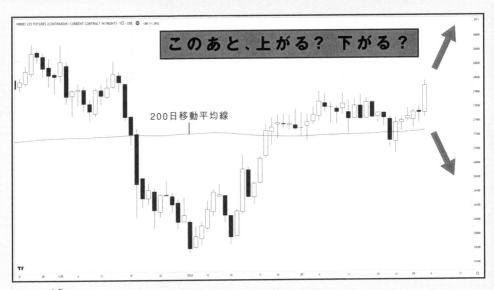

このあと、上がる? 下がる?

200日移動平均線

|プロの目|

　図は日経平均先物の2022年11月〜2023年3月の日足チャートです。日経平均先物取引は、将来の決められた期日に日経平均株価をいくらで売買するか、事前に決めた価格で取引すると約束する取引。取引時間は8時45分〜15時15分、夜間取引は16時30分〜翌朝6時。米国市場がオープンしている夜間も取引できるため、欧米の投資家を含め、非常に多くの機関投資家が取引し、現物の日経平均株価や個別株にも強い影響力があります。そんな日経平均先物価格が2023年3月3日に大陽線で上昇しました。このあと、どうなる?

A 24 | 上がる

■ 最重要ローソク足は買い手圧勝の大陽線

　横ばいでもみ合っていた日経平均先物の期近限月（最も期日の近い取引）の株価は 2023 年 3 月 3 日、**大陽線①**で横ばい相場の上限を突破しました。その後の値動きを示したのが下の図になります。翌日から 4 営業日にわたって勢いよく上昇しているので、このケースでは **「上がる」** が正解になります。

日経平均先物期近限月　日足　2022年11月〜2023年3月

　大陽線はチャート上のさまざまな場面に登場しますが、取引時間中、**ほぼ一直線で上昇**が続き、実体部分（上昇幅）が周囲のローソク足と比べて突出して長いのが特徴です。始値＝ほぼ安値、終値＝ほぼ高値となり、下ヒゲ・上ヒゲがそれほど長くないものを、大陽線と見なします。

　<u>大陽線は投資家の注目の的</u>になり、「勢いの強い大陽線をつけて上昇したから、これからも上がるだろう」という心理的効果を生みます。

　株価の値動きを予測するときは、その裏で、株が上がると思って買っている買い手と株が下がると思って売っている売り手の間で"綱引き"が行われていると考えると、次の動きが読みやすくなります。

　その意味で、<u>大陽線は買い手圧勝を示す</u>ローソク足。マーケットが総楽観となって、買い一色になったときに出るのが大陽線というわけ。

■ 大陽線は「高値更新で買い」の最重要ポイント

　私にとってローソク足の中で最も大切なのは大陽線、といっても過言ではありません。というのも私の売買手法は高値更新。過去の高値を更新するときは<u>大陽線で一気に突き抜ける</u>ことが多いため、その出現が即エントリーポイントになるからです。それは先ほどの図のような横ばい相場の上限を突破するときも同様です。

　逆に「この高値を更新すれば上昇に勢いがついてさらに上がる」と思える価格帯を大陽線ではなく、上ヒゲの長い陽線や小陽線で超えたり、窓を開けて飛び越えたものの陰線で終わったりするときは勢いが弱く、その後も上昇が続くかどうかの確率は、大陽線より低くなります。

　その点、大陽線での高値更新は、多くの投資家が激しく売買している<u>取引時間中</u>に迷いなく、株価が節目となる高値を突破。さらに大きく上昇したわけですから、投資家心理の面で見ても非常にポジティブです。

■ 高値更新の場面では大陽線が登場する頻度が高い

　次ページの図は左ページの大陽線①が出現したあとの日経平均先物の値動きです（2023 年 3 月 1 日〜5 月 11 日の日足チャート）。

　この期間の日経平均先物は図を見てもわかるように上昇トレンドが続きました。その値動きに注目すると、日経平均先物価格の下げ止まりや直近高値更新、直近の横ばい相場の上限突破の場面で、特徴的な大陽線が何度も登場していることがわかります。

●<u>大陽線②が直前の陰線に対して陽の包み足となって下げ止まり。</u>

●大陽線③で下値保ち合いの上限を突破。
●大陽線④が下落から反転上昇の号砲に。
●比較的実体の長い陽線⑤で直近高値超え。
●大陽線⑥で直近の横ばい相場の上限突破。

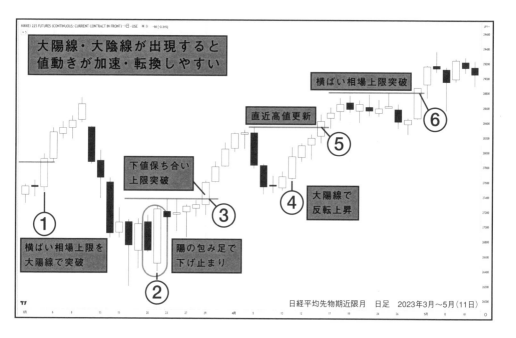

日経平均先物期近限月　日足　2023年3月〜5月（11日）

　むろん、大陽線が出たからといって、翌日も必ず上がるとは限りません
んが、投資家の多くが「大陽線のあとは上がりやすい」という前提で、
その次の展開を予想しています。

　大陽線が出たにもかかわらず、その後、上昇が続かない、もしくは逆
に反転して大きく下落した場合は、買い手優勢で大幅上昇した直後に、
相場の雰囲気に迷いが生じているシグナルです。

　さらなる上昇のために力をためて上がる準備をしているだけなのか、
大陽線で買いの勢いが出尽くししてしまい、あとは下がるだけなのか、次
の展開を見極めましょう。

・高値更新

A〜Fの値動きの中で 最も買いで狙いたいのはどれ？

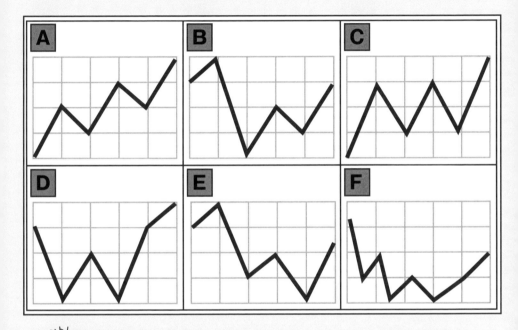

|ヒント|

!!

　過去の高値や直近の高値を更新すると買い、というのが私の売買手法です。といっても、どういった値動きの中でどの高値を超えたときに買うのが一番上がりやすいのか、判断に迷うこともあるでしょう。元プロの私の経験則からすると、最も上がりやすいのは、過去にそれ以上の高値で買った人が誰一人いない上場来高値更新の場面です。つまり、上値に戻り売り圧力がまったくないほうが同じ高値突破でも株は上がりやすい、と考えるのが基本です。

Aの高値更新を最も狙いたい

　高値更新といってもさまざまなものがあります。私が狙いたい高値更新を買いたい順番に並べて、問題の図の A ～ F のどれかを示しました。

高値突破のパターン（上から狙いたい順に）

1　高値をずっと切り上げて上昇中の高値更新（A）

2　直近高値のみならず過去の最高値も突破（D）

3　上昇中の横ばい相場の上限を突破（C）

4　過去にもっと高値がある中で直近高値を超える動き（B）

5　下降トレンドの戻り高値を突破（E）

6　下降トレンド後の底ばい相場の高値を突破（F）

　一番**戻り売り圧力が少ない**のは、過去の値動きを見ても、上値にさしたる高値がない中、Aのように**高値・安値の切り上げ**が規則正しく続いているケース。この場合、過去に現在より高値で買った人が非常に少ないため、上昇が続く確率が高い、と私なら考えます。上場来高値を更新している中での高値切り上げなら、なお最高です。Dの、直近高値だけでなく、**ある期間の過去の最高値を突破**するケースも、実際に過去の最高値の突破に成功したら有望です。ただ、過去の最高値前後は非常に強力な抵抗帯のため、いったん超えたかに見えて押し返されたり、最高値圏でもみ合ったりするダマシも多発します。Cの上昇トレンドの過程で生まれた中段保ち合い相場の高値ブレイクにも、再び横ばい相場に戻る恐れがあります。Bのようにさらに上値に過去の高値が控えているケース、Eの下降トレンド中の戻り高値突破やFの下降トレンドからのトレンド転換は**上値に非常に多くの抵抗帯**があるため、私は狙いません。

・上場来高値更新

図は上場来高値更新銘柄の値動き。A 〜 E のどこで買うのが基本？

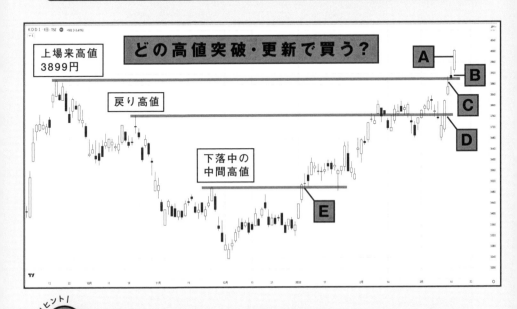

どの高値突破・更新で買う？

上場来高値
3899円

戻り高値

下落中の
中間高値

A
B
C
D
E

!ヒント!

　図は 2021 年 9 月〜 2022 年 3 月の携帯電話会社・KDDI
の日足チャートです。KDDI は 2021 年 9 月 15 日に 3899 円
の上場来高値をつけたあと、約 3 か月にわたって下落基調
でしたが、2022 年 3 月 11 日の取引時間中に 3907 円の高値
をつけて上場来高値を更新。その日は上ヒゲで押し戻されま
したが、翌営業日の 3 月 14 日には陰線ながら終値でも上場
来高値を更新。上場来高値を更新することが最初からわかっ
ていたらどこで買っても正解ですが、当然ながら A 〜 E の
高値更新場面ではそんなことはわかりません。一寸先は闇の
中で、高値更新で買うなら、どこで買うのが基本？

Cで買うのが上場来高値更新狙いの基本

　この問題は私ならどこで買うか、ということで正解はありません。私なら、**C**で買います。2021年9月15日の<u>上場来高値3899円に到達したら成行買いという逆指値注文</u>を入れて待ち構えたでしょう。

　むろん、その後、上場来高値更新が続いたBの陰線やAの大陽線で買うのも間違いではありません。また、下落途中の戻り高値突破（D）や、下落後に同じ水準の安値を3回つけて、その途中の高値を超えたE（「トリプルボトム」や「逆三尊」と呼ばれるチャートパターンの上昇シグナル）で買うほうが、結果的にはより大きな利益になっていました。上場来高値更新中の勢いのある銘柄だから、まだ上値に高値があっても早めに買うのも否定はしません。その後のKDDIの値動きが下の図です。2022年5月27日の取引時間中に4636円の高値をつけるまで（この日は陰線で終了）、Cの地点からでも700円以上値上がりしました。

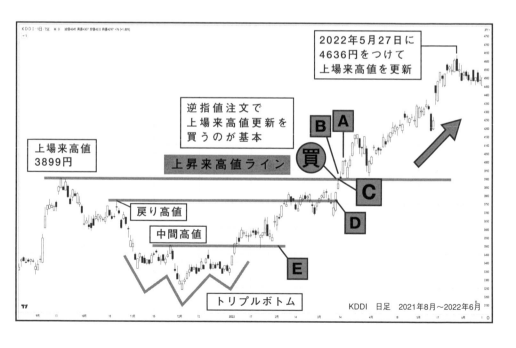

・高値ライン

Q27 図の中で意識したほうがいい 高値ラインはどこ？ 自分で線を引いてみてください

どの高値に
注目する？

|ヒント|

!!

　過去につけた高値は今後の値動きを予測するうえでも役に
立ちます。株価の大きな節目になるような過去の高値や安値
を探すためには、より期間の長い週足・月足チャートを見ま
す。図は2019年5月〜2021年2月までのトヨタ自動車の
週足チャートです。トヨタ自動車は2012年末からのアベノ
ミクス相場に乗って上昇トレンドに転換。2016年から2021
年にかけては株価1000円から1600円の間で大きな横ばい
相場を形成しました。図の右側の最先端はその高値近辺での
値動きになります。最も意識したい高値ラインは？

A 27 | 下の図の直近高値Aのラインを最も意識すべき

　問題の図の中でトヨタ自動車は 2019 年 2 月 3 日の週につけた**高値 1605 円**（下の図の **B** のライン）を突破して、最先端の大陽線から 7 週前の 2020 年 12 月 14 日の週に**直近高値 1609 円**（下の図の **A** のライン）をつけています。**最も重要なのは最高値**ですから、たとえ 4 円の差でも A のラインが最重要です。

　高値ライン C や D も過去には大切でした。しかし、株価チャートを見るときは、**直近の値動きに一番近い過去の高値・安値**を週足・月足チャートまで期間を広げて探してみましょう。その後のトヨタ自動車は下の図のように直近高値ライン A を突破して上昇トレンド入り。高値突破直後には大陰線①と②が出現し、突破した高値ライン A が今後、**株価下落を食い止める支持帯として本当に機能するか**試しにいくような動きが起こっています。このパターンは頻出するので覚えておきましょう。

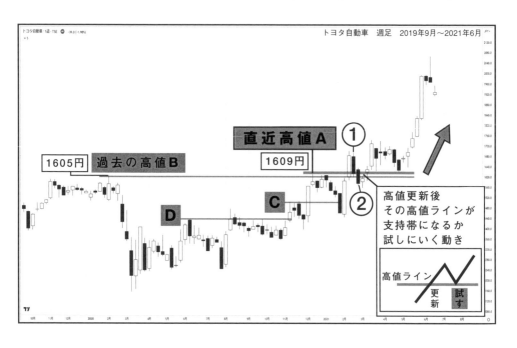

・過去の高値

A・B社のチャート先端部分で
買いたいのはどっち？

A社

どっちを買う？

B社

!ヒント!

!!

　A社は携帯電話会社・ソフトバンクの2021年8月〜11月の日足チャート。B社はファーストリテイリングの2016年7月末〜11月の日足チャートです。ともに高値を更新しているように見えますが……。チャート上の最後のローソク足にも注目して今後の値動きをイメージしてみてください。

A 28 ┃ B社を買いたい

　問題のA社（ソフトバンク）、B社（ファーストリテイリング）のチャートは、ともに**過去の高値突破**にトライしています。下の図に示したように、A社は高値Bや直近高値Cは超えたものの、最高値Aを超えることができていません。また、最先端のローソク足は高値から下落して陰線になっています。一方、B社は高値Bや直近高値Cだけでなく、**大陽線で最高値Aも突破**しています。このチャートだけを見て判断する場合、**B社を買いたいと思うのが正解**です。問題の図ではわかりませんが、A社の高値トライはその当時の最高値圏で起こった値動き。一方、B社は長期的な上昇トレンドの中でいったん大きく下落して押し目をつけたあと、上昇が再開する状況で起きた底値圏での高値トライです。本来はそうした**大きな流れも把握**したうえで高値を更新できるか予測します。その後の値動きは下の図のようになりました。

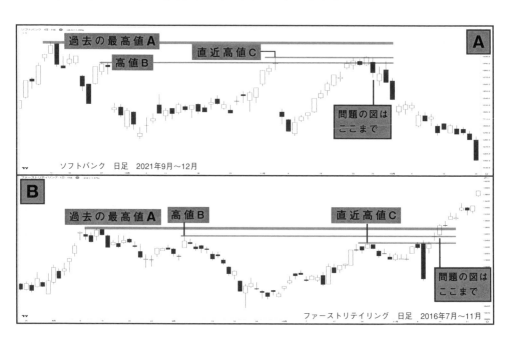

・高値・安値ライン

Q29

図はS&P500の月足チャート。
今後の大きな値動きを占ううえで
重要な高値と安値のラインを
1つずつ選んでください

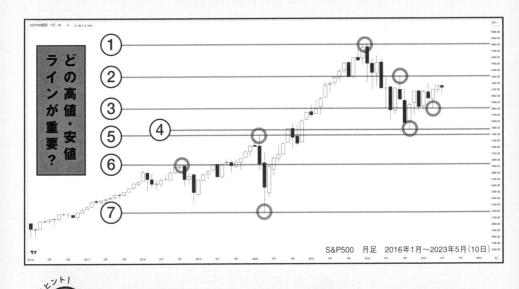

どの高値・安値ラインが重要？

S&P500　月足　2016年1月～2023年5月（10日）

!ヒント!

!!

　図は 2016 年 1 月～ 2023 年 5 月（10 日）の米国の株価指数・S&P500 の月足チャート。過去の高値・安値はどれも大切ですが、前のドリルで見たように、最先端の値動きの近くにある高値・安値にまず注目します。今後の大きな展開を大局的に考えるためには「この高値を超えたら上昇トレンドが加速」「この安値を割り込んだら下降トレンド入り」といったように、トレンド判断を下すために使えるラインを見つけることが大切です。

　トレンドには上昇・下降・横ばいの３つがありますが、**上昇トレンド** **は「高値・安値をともに切り上げ」**、**下降トレンドは「高値・安値をと** **もに切り下げ」**、**横ばいトレンドは「一定の高値・安値の間で上下動」** が基本の動き方になります。

　2016年以降のS&P500は2020年3月のコロナショックで2191ポイント（安値⑦）まで急落しましたが、全体としては上昇トレンドが継続。ただ、2022年1月に高値ライン①に到達して以降は陰線が増加。2022年1月の最高値4818ポイントから2022年10月の安値3491ポイント（④）まで約27.5%下落したあと、2023年5月現在はそこから多少戻しています。今後、上昇トレンドが継続するためには、2022年1月の最高値を更新しなければならないので、高値ラインで最も大切なのは**最高値ライン①**です。逆に2022年10月の**安値ライン④**を割り込んだ場合、高値を超えられずに安値を更新したので下降トレンド入りと判断できます。下の図に上昇・下落のシナリオ別の値動きを記しました。

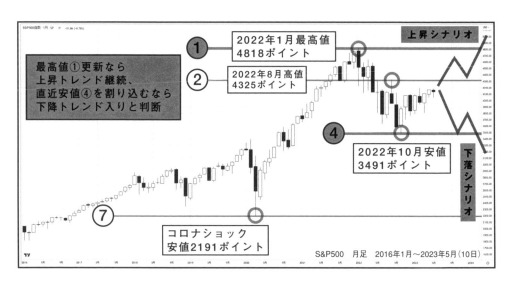

S&P500　月足　2016年1月〜2023年5月（10日）

・直近高値と売買判断

図のチャートはこのあと、上がる？　下がる？　それとも横ばい？

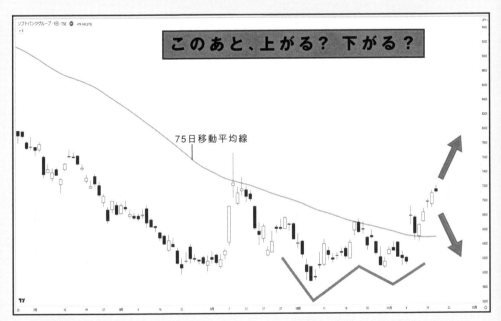

このあと、上がる？　下がる？

75日移動平均線

!ヒント!

　図は携帯会社・ソフトバンクを傘下に持つ投資会社・ソフトバンクグループの2021年6月〜11月の日足チャートです。下落が続いたあと、株価は安値を2度つけて上昇に転じています。この形状は株価の反転上昇シグナルといわれるチャートパターンのダブルボトムにも見えますが、このあと、株価はどうなるでしょうか。直近の高値や75日移動平均線の傾きや株価との位置関係などにも注目して、このあとの値動きをイメージしてください。

A 30 | このあと、下がる

　問題の図は、下降トレンドのあと、**ダブルボトム**という反転上昇シグナルが点灯し、**直近高値A超え**にトライしている場面でした。ダブルボトムの中間高値Bや下向きの75日線超えを果たし、今後、直近高値Aも突破できれば上昇トレンドに転換する可能性もありました。ただ、**直近高値Aを突破していない段階**で買いを入れるのは早過ぎると私なら考えます。その後の値動きは下の図に示した通り。**75日線が下向き**だったこともあって、再び下降トレンドが加速しています。

　むろん、問題の図から直近高値Aを超えて上昇することもあります。

　しかし、下がっているものが下げ止まって、いつ上昇を始めるかを見極めるのはとても難しいと私は思っています。同じ下落からの反転上昇で買うにしても、上昇トレンドの**押し目買い**に絞るべきです。

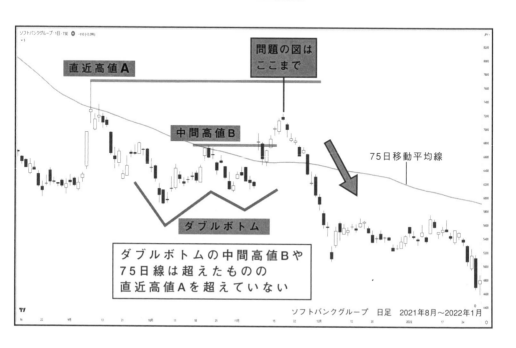

ソフトバンクグループ　日足　2021年8月〜2022年1月

・株価と移動平均線

A ～ Dは日足チャートの 5日移動平均線だけを表示したもの。現在のローソク足は移動平均線の上側、下側、どっちにある？

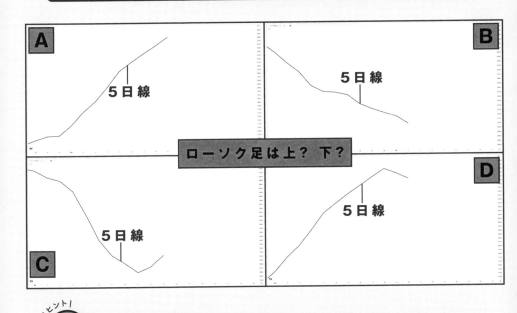

A

5日線

B

5日線

ローソク足は上？ 下？

C

5日線

D

5日線

!ヒント!

!!

　ここからは移動平均線のドリルです。移動平均線はある期間の株価の終値の平均値を結んだ線です。5日線のように期間が短い場合、その傾きや角度を見るだけで、最先端のローソク足（株価）が移動平均線の上にあるか、下にあるか、なんとなく想像できます。傾きが上向きで角度が急になっていれば平均値が上昇しているので、直近のローソク足は移動平均線の上にあると考えられます。

A
31 | Aは上、Bは下、Cは上、Dは下にある

移動平均線を見るときのポイントは、

POINT!!

- ●移動平均線の傾きや角度から株価のトレンドがわかる。
- ●傾きが上向きなら上昇トレンド、下向きなら下降トレンド。
- ●角度が急なら値動きが加速、ゆるやかなら値動きが失速。

5日線の場合、平均値に占める現在のローソク足の終値の比重が大きいため、直近の動きで**角度が変わったり傾きに変化が起こったり**しやすくなります。5日線を見るだけでも、現在のローソク足の位置がだいたいわかります。下の図がローソク足も表示したチャートです。

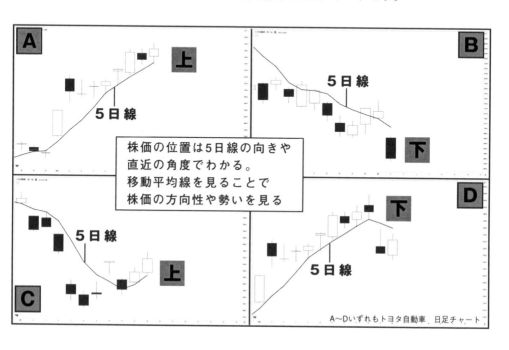

A　上

5日線

B　下

5日線

株価の位置は5日線の向きや
直近の角度でわかる。
移動平均線を見ることで
株価の方向性や勢いを見る

C　上

5日線

D　下

5日線

A〜Dいずれもトヨタ自動車　日足チャート

138

・複数の移動平均線

Q32 A〜Dは日足チャートの 25日・75日・200日移動平均線だけを表示したもの。それぞれの株価は上昇・下降・横ばいトレンドのどれ？

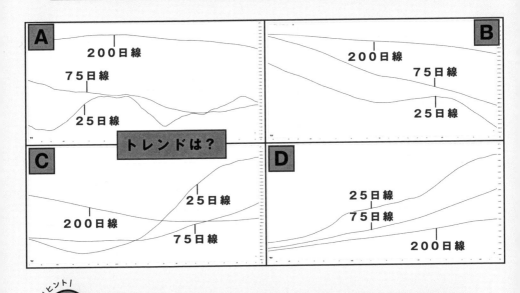

A
200日線
75日線
25日線

B
200日線
75日線
25日線

トレンドは？

C
25日線
200日線
75日線

D
25日線
75日線
200日線

!ヒント!

　図はソニーグループの日足チャートの 25 日・75 日・200日線だけを表示したものです。移動平均線は平均値をとる期間が短いほど、直近の株価の値動きから影響を受けやすくなります。逆に期間が長いほど直近の動きに左右されない全体の大きなトレンドを把握できます。複数の期間の移動平均線を表示して、その並びに注目することで、直近の値動きに生じたトレンドの加速や失速、継続や転換を察知することもできます。

A
32 Aは横ばい、Bは下降、Cは下降から上昇にトレンド転換、Dは上昇

　私が日足チャートに表示する移動平均線の設定期間は **25日、75日、200日**です。25日・75日線のかわりに **20日・50日線** を使ってもいいでしょう。200日線は大きなトレンドを把握するための設定期間として、多くのプロが愛用しています。週足チャートは **13週、26週、52週**。月足チャートは **9か月** のみ、もしくは日足チャートの200日線を表示しています。最初はオーソドックスな期間設定のほうが無難です。問題の図のように移動平均線だけを表示して、ランダムな動きをするローソク足を排除したほうが、より **抽象的で本質的なトレンド** がわかる面もあります。ローソク足も表示した下の図と問題の図をよく見比べて、ローソク足と移動平均線の関係性をつかんでください。私は移動平均線の **傾き、角度、並び** を相場の全体像の把握や状況判断に使います。

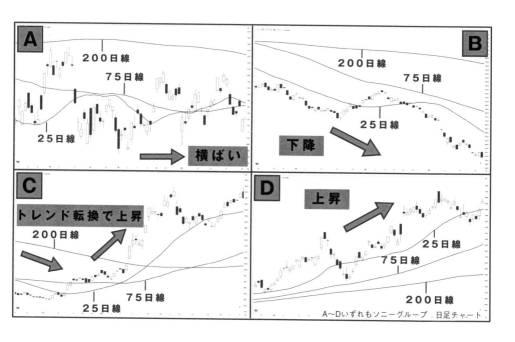

A～Dいずれもソニーグループ　日足チャート

・移動平均線と売買判断

AとBは日足チャートに25日移動平均線を表示したもの。買いたいのはどっち？

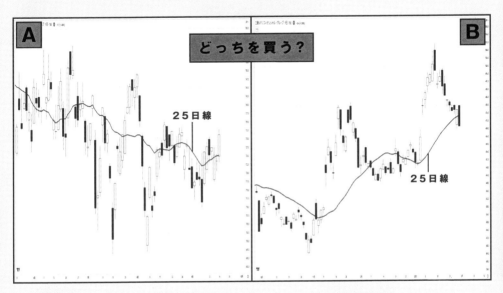

A

B

どっちを買う？

２５日線

２５日線

ヒント！

　図はともに三菱UFJフィナンシャル・グループの日足チャートに25日線を表示したもの。移動平均線の傾きや現在のローソク足との位置関係から、その株は買いか売りか様子見か、売買の方向性を判断します。Aは25日線がやや下向きで、ローソク足は移動平均線をまたいで上下動。Bは25日線が横ばいから上向きに転じていますが、現在のローソク足は25日線をまたいでいます。買うべきなのは上昇トレンドが続いている株です。そう考えると、答えは簡単ですね！

　株が上昇しやすいのは**移動平均線が上向きで、さらにその上を株価が推移**しているチャートです。移動平均線が上向きなのは、株価の平均値がじわじわと切り上がり、上昇トレンドが継続していることを意味します。その上に株価があるのは、**期間中の平均値より、さらに高くても投**資家がその株を喜んで買っている証拠です。そう考えれば、25日線が上向きのBを買いたくなるのは当然でしょう。Bのように、株価が**上向きの移動平均線まで下がったところ**は押し目買いのチャンスといわれます。私自身は、移動平均線を状況判断の道具としてのみ使い、実際に株を買うのは**直近高値を突破**したときなので、下の図では大陽線①のポイントになります。反対にAのチャートは25日線が下向きなので売りたいところ。下の図で**レンジ相場の下限を割り込んだ**②の大陰線がカラ売りを仕掛けるベストなタイミングだと思います。

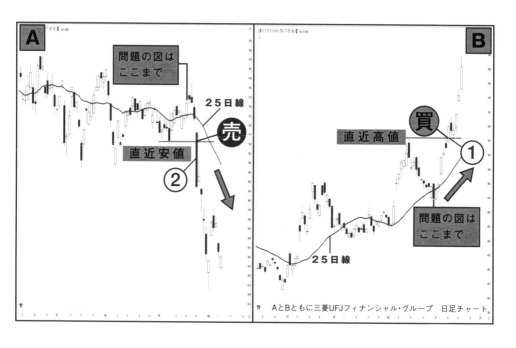

AとBともに三菱UFJフィナンシャル・グループ　日足チャート

・9か月移動平均線

A～Dの月足チャートから買いたい株、売りたい株を順番に選んで!

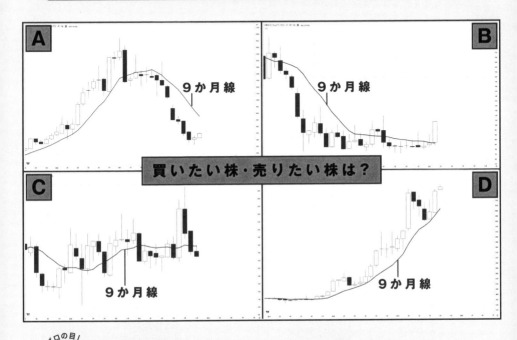

A

9か月線

B

9か月線

買いたい株・売りたい株は?

C

9か月線

D

9か月線

|プロの目|

　図は月足チャートに9か月線を表示したもの。9か月線は月足の値動きの支持帯（サポート）や抵抗帯（レジスタンス）になりやすく、私が愛用している設定期間です。AはIR（投資家向け広報）コンサルティング会社のアイ・アールジャパンHD、Bは非鉄金属の大阪チタニウムテクノロジーズ、Cはバイオ企業のヘリオス、Dは激安アパレルのワークマンの値動きです。9か月線の傾き、株価との位置関係から、買いたい株・売りたい株を2つずつ順番に挙げてください。

A 34 | 買いたいのはD>B、売りたいのはA>C

　売買判断をするとき、私は月足チャートに9か月線を表示して、**株価が9か月線より上にあるか下にあるか**を一番の判断材料にします。株価が過去9か月間の平均値を超えて上昇している銘柄でないと、「もっと株価が高くてもその株を買いたい」という投資家の継続的な買いは見込めません。**高値でも買いたい投資家が続々と出現**してくれれば、9か月線自体も上向きになります。問題の図の4つのチャートのうち、株価が9か月線の上にあるのはBとD。中でも**Dは9か月線がずっと上向き**。最も買いで勝負したいターゲットです。**B**は9か月線を大陽線で超えて**買い転換**したばかり。ここから上昇トレンドが始まるなら大きな値幅の上昇が狙えます。9か月線を株価が大きく割り込んでいる**A**は逆にカラ売りしたい銘柄。**C**の9か月線はまだ横ばい。今後、**直近安値**を超えて下げたらカラ売りしたい銘柄です。下の図がその後の株価の推移です。

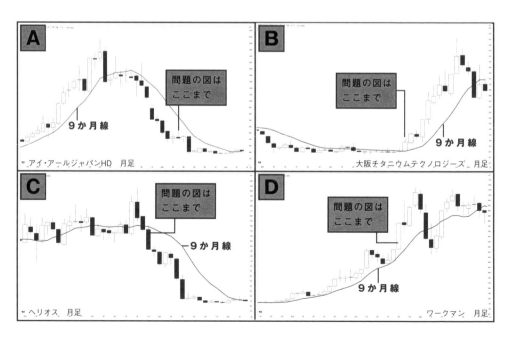

・200日移動平均線

日足チャートに25日・75日・200日移動平均線を表示しました。AとBはこのあと、買い？　売り？

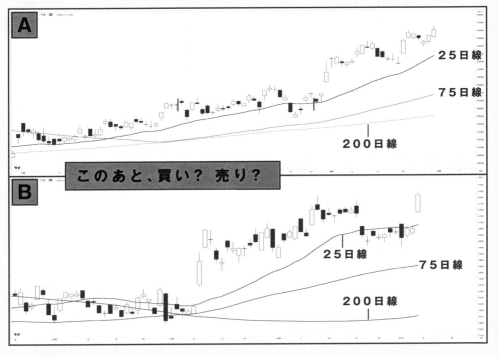

A

25日線

75日線

200日線

このあと、買い？　売り？

B

25日線

75日線

200日線

!ヒント!

!!

　複数の移動平均線を表示すると、その並びからトレンドの強さがわかります。問題の図はともに、上から順にローソク足（株価）＞25日線＞75日線＞200日線という並びで、強い上昇トレンドを示唆しています。

■ 移動平均線で強い上昇トレンドを確認する

　問題の図のAとBはともに3本の移動平均線の並びが上から **25日線 > 75日線 > 200日線という強い上昇トレンド** で、しかも、ローソク足（株価）がその上にあります。さらに、一番右側の最先端部分で、直近の高値を超える大陽線が出ているので上昇の勢いが加速。「高値更新で買い」の理想的なターゲットですので、**AもBも買いたいが正解** です。株を買うときの極意は強い上昇トレンドに乗ること。上場来高値や新高値を更新した銘柄など、強い上昇トレンドの株を探して買うことが大切です。東証に上場している銘柄は3800社以上。全体相場がどんなに悪い状況でも、強い上昇トレンドが続いている株は、探せばいくらでもあります。**勝ち馬に乗る** ことがとても重要です。

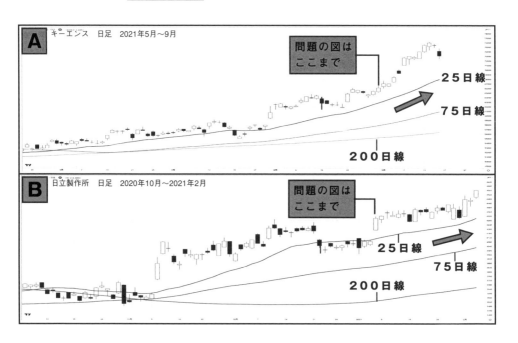

実際の買いのポイントは以下のようになります。

●日足チャートでローソク足（株価）＞ 25 日線＞ 75 日線＞
　200 日線という並びの強い上昇トレンドが続いている株を
　探す。
●その株が直近の高値を超えてきたところで買う。
●予想が当たって上昇が続いたら、短期売買の場合は前のロ
　ーソク足の安値を割り込んだところで利益確定。

むろん、どんなに強い上昇トレンドが続いている株でも、直近高値を
超えたかに見えて結局は超えられずに反落することが山ほどあります。
しかし、非常に強い上昇トレンドを確認したうえで株を買っているわけ
ですから、ダマシに遭う確率はほかの株に比べて、少ないはずです。そ
れでもダマシだった場合は、以下のような対策をすることで、大きな損
失が出るのを防げます。

●直前のローソク足や直近の安値を割り込んだら損切り。
●ローソク足の下にある **25 日線を割り込むまで様子を見ても含み損に
　耐えられる程度の金額で勝負**。
●上昇トレンド中の横ばい相場を明確に飛び越えた**大陽線だけを厳選し
　て買い。
● 25 日線＞ 75 日線＞ 200 日線という**強い並びが崩れたら損切り。**

■ 私が押し目買いをあまり勧めない理由

上昇トレンドが続いている株に対する買いのポイントとしては、投資
家の利益確定で上昇が小休止していったん調整し、下値の移動平均線ま
で下落したところを狙う**押し目買いも非常にポピュラー**です。
しかし、その場合も次のような売買ルールを設けて、上昇の勢いが復
活していることを確認してください。

●直近高値を超える。

●ともに下落してきた短期の5日線を株価が明確に上に超える。

●直近高値、5日線を上に超えるときのローソク足が大陽線。

　たとえば、下の図は総合商社・**三菱商事**の2022年2月〜8月の日足チャートです。図の①のポイントでは移動平均線の並びが25日線＞75日線＞200日線という強い上昇トレンドにあり、株価が75日線を割り込んで下落したものの、再び上昇。長い下ヒゲをつけた**陽線①**で買いを入れていれば、押し目買いに成功しました。しかし、②のゾーンでは**200日線まで株価が下落**したあと、200日線に寄り添うような横ばいが長く続き、もし買いを入れていたらあまり成功しませんでした。押し目買いは上昇局面で一時的に下がって安くなったところで買う手法ですが、**そのまま下がり続けるケースも多発**します。そのリスクを十分、意識したうえで押し目買いしましょう。

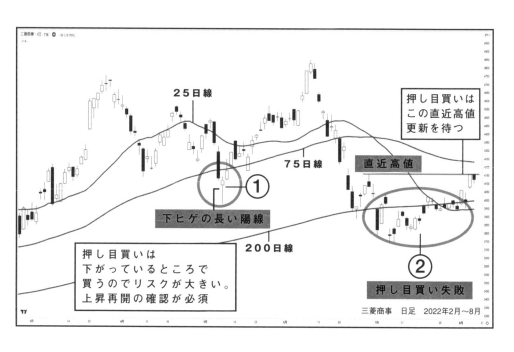

・天底のチャートパターン

AとBのチャートに出現した 特徴的なチャートパターンはなに？

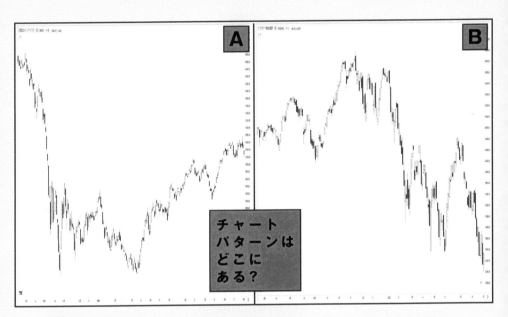

チャート
パターンは
どこに
ある？

|プロの目|

　一連のローソク足が作る形状を俯瞰的に見て、値動き予測に役立てるのがチャートパターン分析（フォーメーション分析ともいいます）。相場の天井圏・大底圏によく出る形、トレンド相場の中段保ち合いによく出現する形があります。図のAはリーマンショックが起こる直前の2008年8月からの日経平均株価、Bは米国ハイテク株指数・NASDAQ総合指数が史上最高値をつけた2021年末を挟んだ日足チャート。大底圏、天井圏に出現したチャートパターンは？

A 36 | Aはダブルボトム、 Bはダブルトップもしくはトリプルトップ

　Aの日経平均株価（2008年8月〜2009年9月）の日足チャートでは、①と②の箇所で7000円前後の安値をつけたあと、途中でつけた中間高値③や④を超えて、ゆるやかに上昇。全体として見ると、**安値を2度つけて反転上昇に転じるダブルボトム**が完成。ダブルボトム形成後は途中につけた高値④の株価水準がその後の⑤や⑥の地点で株価の下落を阻む支持帯に変化しています。一方、NASDAQ総合指数（2021年7月〜2022年5月）の日足チャートでは、①と②の高値をつけたあと、途中につけた③の安値を割り込んで下落。かなり崩れた形ですが、**同じ水準で高値を2度つけたあと下落するダブルトップ**が完成。④の高値もカウントしてトリプルトップと見なすこともできます。

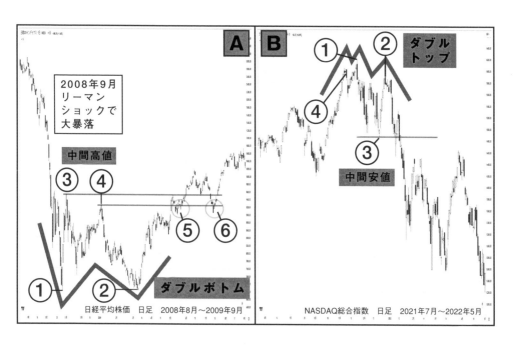

・中段保ち合い

チャート上には中段保ち合い型の特徴的なチャートパターンが出現。どこに、どんなパターンが？

どこに、どんな形のパターンがある？

|プロの目|

　繰り返しになりますが、私の手法は「高値更新で買い」ですので、上昇トレンドがいったん調整局面の横ばい相場に入ったあと、勢いよくレンジの上限を超えていくところで買いを入れることが多くなります。そのため、中段保ち合い型のチャートパターンのほうがより大事になります。図のチャートは途中で高値が切り下がって、上昇力が低下しているところがあります。そこから勢いよく上昇に転じていますが、そのタイミングを把握するのに便利なチャートパターンは？

A 37 | 三角保ち合い上放れ（三角保ち合いは「トライアングル」とも呼びます）

　問題の図は、製薬会社の**第一三共**の 2019 年 2 月〜 2023 年 5 月の週足チャートです。第一三共は期間中、何度も**上場来高値**を更新。そんな中、下の図の①の高値から②の安値まで下落したあと、③の高値まで上昇したものの、①の高値よりもかなり下で、高値が切り下がる形です。しかし、④の安値は②の安値を下回らず、その後、⑤の地点で①と③の高値を結んだレジスタンスラインを突破。勢いよく上昇しています。これが「**三角保ち合い上放れ**」というチャートパターン。値動きが煮詰まって三角形を横に倒した形になったあと、どちらか一方に勢いよくブレイクした形状になります。下の図には移動平均線も表示していますが、②と④の安値は 200 週線でぴったり止まっており、ブレイクが発生した⑤の地点はちょうど 26 週線超えと重なっています。

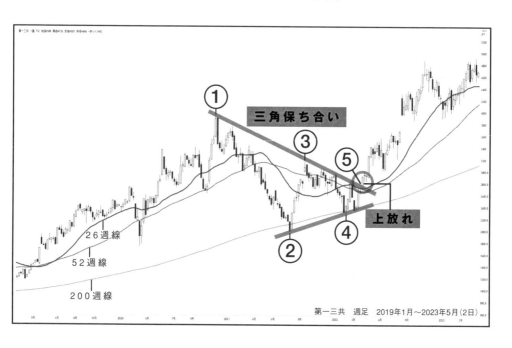

第一三共　週足　2019年1月〜2023年5月（2日）

・株価と出来高

図は株価と出来高の推移。
A社とB社、どっちが上がる？

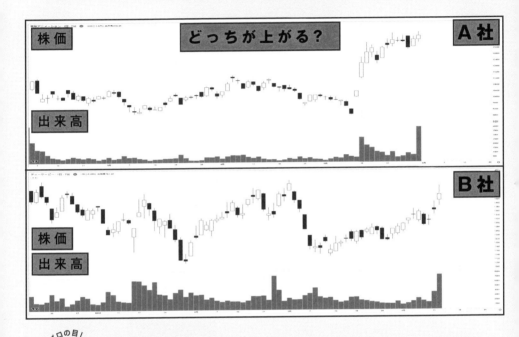

|プロの目|

　マーケットでその株が何株取引されたかを示したものが出来高です。取引金額を示す売買代金とともに、株の商いの盛り上がり具合を示す指標として注目されます。問題の場合、A社は出来高をともなって株価が底値圏から上昇したあと、高値圏で出来高が急増して上値を試しにいっています。B社は横ばい相場を形成。レンジの高値圏で出来高が増えたものの下落というパターンを２度繰り返したあと、再び出来高をともなって横ばい相場の高値圏に向かって上昇中です。

A
38 │ B社が上がる（A社は下がる）

　A社はアニメ会社の東映アニメーション（2022年2月〜5月）、B社は貸会議室のティーケーピー（2021年12月〜2022年4月）の日足チャートです。私自身はプロの時代もあまり**出来高や売買代金を意識せず取引**してきました。出来高が少なかったり、じわじわ減少していたりしても株価が上がることは多いからです。

　ただ、問題の図の場合、A社は高値圏で極端に出来高が急増したにもかかわらず、株価はあまり上昇していません。これは、高値圏で出来高がピークに達する**「バイイング・クライマックス」**という現象で、株価の下落を暗示しています。一方、B社の出来高急増はまだ横ばい相場の範囲内で起こっています。なにか買い材料が出た可能性もあり、少なくともレンジ上限までは上昇が続いてもおかしくありません。そのため、**消去法でB社が正解**。その後の値動きは下の図のようになりました。

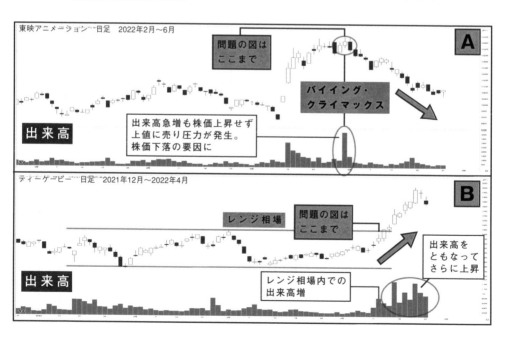

東映アニメーション　日足　2022年2月〜6月

問題の図は
ここまで

バイイング・
クライマックス

出来高急増も株価上昇せず
上値に売り圧力が発生。
株価下落の要因に

出来高

ティーケーピー　日足　2021年12月〜2022年4月

レンジ相場

問題の図は
ここまで

出来高を
ともなって
さらに上昇

レンジ相場内での
出来高増

出来高

・株価と売買板

Q39 図は取引の注文量を示した売買板と呼ばれるものです。買いと売りの注文状況から見て、この株はこれから上がる？　下がる？

売買板

売り気配株数	気配値（円）	買い気配株数
20300	OVER	
100	2014	
200	2013	
100	2012	
100	2011	
1400	2010	
200	2009	
300	2008	
400	2007	
200	2006	
100	2005	
	2004	100
	2003	500
	2002	1100
	2001	9400
	2000	24300
	1999	10500
	1998	100
	1995	200
	1990	100
	UNDER	26500

株を売りたい人（売り気配）の株数と株価（気配値）

この板のとき
上がりそう？
下がりそう？

株を買いたい人（買い気配）の株数と気配値

|プロの目|

　売買板は取引時間中に各銘柄に対して発注された買い注文・売り注文がそれぞれの値段ごとに何株あるか、指値注文の発注状況を示したボードのことです。注文状況を通じて買い手と売り手の力関係がリアルタイムにわかるため、取引時間中に株の売買を繰り返すデイトレードには必須アイテムです。たとえば、上値に出ている売り注文の株数が極端に少ない銘柄を買いにいく場合、思っていた以上の高値でその株を買ってしまうリスクが生じます。このことからわかる法則とは？

A 39 | 下がる可能性が高い

■ 株価は板が厚いほうに向かって動くことが多い

　証券会社のプロップトレーダーだった私は毎日、取引時間中、売買板とにらめっこするのが日課でした。売買板には一つの法則があります。「**板は厚い（注文数の多い）ほうに動く**」というものです。必ずしもその通りに動くわけでは決してありませんが、株を買いたくても上値の売り板にあまり注文がないと、かなり高値の売り注文まで買いにいかなくてはなりません。逆に株を売りたくても下値の買い板の注文数が少ないと、かなり安い株価でしか持ち株を売りさばけません。つまり、板が薄いほうに株価は動きにくいのです。

　問題の板の場合、売り板には数百株から千数百株程度の売り注文しか並んでいません。逆に買い板を見ると、2000円付近に1万〜2万株前後の分厚い買い注文が入っています。**買い板のほうが厚いため、この場合は株価が下落する可能性が高い**状況です。株の売り手としては、2000円前後の分厚い買い板のほうに安心して売り注文を出せるからです。

　では、どこまで下がるかというと、分厚い買い板のある2000円前後まで。問題の板の場合、2000円前後の分厚い買い板の下値では買い注文が急減し、**"板がスカスカ"**（売買注文数が少なく、注文価格が飛び飛びになっている状態）になっています。株の売り手からすると、買い板がスカスカの状況では、売るのを躊躇してしまいます。

　そんな思惑が働くこともあり、板がスカスカになったのを見計らって、株価が急激に値を戻していく展開になりやすいのです。

　また、実際の売買板でも数百円単位の株なら10円、50円、100円、数千円単位の株なら50円や100円といった**キリのいい株価**の板は厚くなっています。株価は自然と分厚い板のほうに吸い寄せられていくため、キリのいい株価が抵抗帯・支持帯になりやすいというわけです。

CHAPTER
5

シェフのおすすめ

CHEF'S RECOMMENDATION

プロにはおなじみ！
利益を底上げする
3つのスパイス
（需給、先物、裁定）

■ 求められるのは複数の道具を同時に使う総合力

今、流行りの人工知能「ChatGPT」に「今後、株価はどうなります
か?」と質問を投げかけると「私は人工知能ですので、未来の株価の予
測はできません」という至極まっとうな答えが返ってきました。

一寸先は闇といえる投資の世界で未来を予測するためには、度胸や決
断力や直感力が必要です。さらに、経験や慣れも大切です。

第4章ではローソク足、過去の高値・安値、移動平均線について、そ
れぞれに焦点をあてて個別にドリルを作りました。

実戦ではこの3つの道具を組み合わせて、とっさの判断も下していく
ことになります。3つをすべて組み合わせて総合的に判断していくスキ
ルが求められます。判断を間違えたときに素直に間違いと認められる謙
虚さや気持ちの切り替えも大切です。

■ 最も重要な株価そのものの本質にさらに迫る!

では、ローソク足、過去の高値・安値、移動平均線の3つの中でどれ
が一番重要かというと、これまでも繰り返し述べてきたように、買った
株が上がらない限り、永遠に利益を得ることができないわけですから、
最重要なのは株価そのもの。

すなわち、株価の推移や高値や安値の位置です。

未来については誰にも"正確には"わからない以上、上がっているも
のを買うほうが今後も上がり続ける確率は高いはずです。

だからこそ、私の基本戦略は「高値更新で買い」で変わりません。そ
こにローソク足、移動平均線、チャートパターン、トレンドラインなど
を使った適切な状況判断を加えることで、予測の精度を上げていくのが
テクニカル分析の習熟法です。

本章ではさらに買い手と売り手の力関係(需給)や現物株と先物市場
の関係、裁定取引など、プロの世界では当たり前ですが、個人投資家の
方にはあまりなじみのない世界についても踏み込んでいきたいと思いま
す。それではドリルを始めましょう!

・急騰銘柄

株価急上昇中の月足チャート。
プロなら①〜④の、どの戦略で臨む？

①過去の最高値で上昇を阻まれることも視野に継続的に買う

②過去の高値まで下落したところを待って買う

③最安値からの上昇率が高過ぎるのでカラ売りする

④買いの勢いが強いので素直にずっと買い続ける

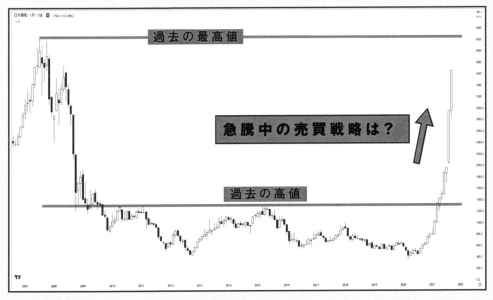

破竹の勢いで急上昇している株価を見ると怖くなるかもしれません。そんなときは長期月足チャートを見て、現在の株価が長期的な値動きの中でどの位置にあるかを確認します。

A 40

①過去の最高値で上昇を阻まれることも視野に継続的に買う

■ 月足チャートで過去に高値のしこりがないかを探す

問題の図は、2006年8月〜2021年9月（途中まで）の海運会社・**日本郵船**の月足チャートです。日本郵船は2020年以降のコロナ禍でコンテナ船の需給逼迫（ひっぱく）により運賃が急騰したことで業績が躍進、株価も急上昇しました。そして、2021年9月27日には年初から4.6倍も値上がりして、3767円の高値に到達しました。しかし、問題の長期月足チャートを見ると、2007年7月につけた上場来高値4253円など、さかのぼること14年前の過去の複数の高値ラインが間近に迫っていました。プロでなくとも、問題の月足チャートを見れば、過去の最高値近辺でいったん跳ね返される可能性が考えられました。短期間で急上昇してきたので、**最高値圏に再到達の達成感**から、含み益が乗った買い手の利益確定売りが大量発生すると予想できたからです。

その際、プロがとる戦略として正解なのは、**①の過去の最高値付近で上昇が阻まれることも視野に継続的に買う**になります。過去の最高値付近での戻り売り圧力を意識しながら、より短期的な日足チャートを見て、直近高値更新での買いと利益確定を繰り返す戦略をとることになります。その後の日本郵船の値動きを示したのが右ページの図です。

■ 過去の最高値で見事に上昇が阻まれる

2021年9月以降の日本郵船の株価の推移を見ると、「見事」といいたくなるほど、10数年前につけた高値で上昇が跳ね返されていることがわかります。2021年9月の月足チャートは月末が迫った27日に高値3767円をつけたものの、その日も含め、たった4営業日で950円も下落して**上ヒゲが非常に長い小陰線**で終わりました。さかのぼると、月足の上ヒゲの先端が2008年5月につけた**戻り高値**3777円とほぼ重なっています。

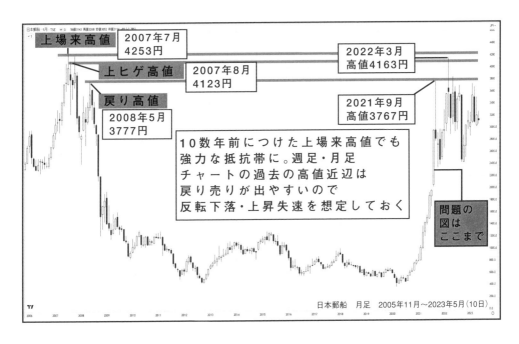

　その後、日本郵船は業績の上方修正やさらなる大幅増配で2022年3月18日に4163円の高値をつけます。しかし、その上昇も2007年7月の上場来高値4253円など、約14年前につけた複数の高値に上昇を阻まれる結果になりました。すでに10数年が経過しているので、その当時、株を買って含み損を抱えた投資家がまだ株を持っていて、ここぞとばかりに売ったのかどうかは定かではありません。しかし、10数年が経過しても、**過去の上値のしこり（抵抗帯）は現在の株価に多大な影響力**を持つものなのです。

■ 上場来高値更新は買い。
　でも「何年かぶり」なら売り

「高値更新で買い」が私のポリシーですから、その中でも最高位にランクされる「上場来高値を更新したところで買い」は非常に明快な基本方針です。

　しかし、**"何年かぶりにつけた"** 上場来高値を含む過去の高値は、投

161

資家たちに強く意識されて売りが出やすいため、いったん利益確定するか、カラ売りも視野に入れたいポイントになります。

　その理由は、うまく伝えることがなかなか難しいのですが、**相場が別物**になっているから、としかいえません。何年かぶりの高値更新は昔と今では相場環境がまったく違っていて、**上値にしこり**が残っているので買うべきではない、ということです。

　では、同じ上場来高値更新でも積極的に買っていいのは、どんな値動きでしょうか。

　たとえば、下の図は紙おむつやペット用品販売の**ユニ・チャーム**の2007年1月から2023年5月まで、16年以上に及ぶ長期月足チャート。

　ほぼ一貫して高値と安値を切り上げる右肩上がりの上昇が続いていて、上値にしこりとなるような過去の高値がありません。先ほどの日本郵船と比べれば、歴然とした違いといえるでしょう。こういった**上値にしこりがまったくない銘柄**なら、安心して上場来高値更新で買えます。

・GAFAM

図は米国GAFAMの月足チャート。元プロの私が買いたい順番は？

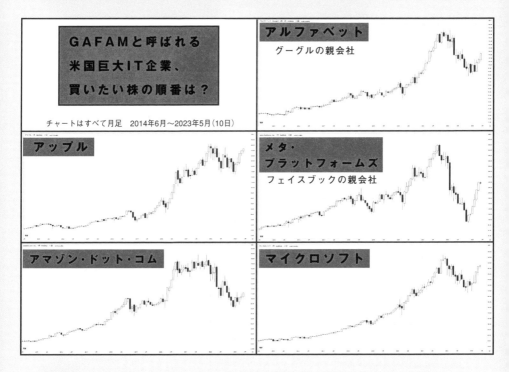

GAFAMと呼ばれる米国巨大IT企業、買いたい株の順番は？

チャートはすべて月足　2014年6月〜2023年5月（10日）

アルファベット

グーグルの親会社

アップル

メタ・プラットフォームズ

フェイスブックの親会社

アマゾン・ドット・コム

マイクロソフト

ヒント！

　近年のS&P500やNASDAQ総合指数の急上昇の原動力になったのが「GAFAM」と総称される巨大IT企業5社です。アルファベットはグーグル（G）の親会社、メタ・プラットフォームズはフェイスブック（F）の親会社。2023年5月10日時点の高値からの下落率、高値と安値の切り上げ具合から買いたい順番を考えてみてください。

> アップル≧マイクロソフト＞アルファベット＞
> アマゾン・ドット・コム＞メタ・プラットフォームズ

■ 最高値更新が視野に入っているかが選別基準

　米国、いや世界を代表する巨大 IT 企業に成長した GAFAM ですが、2022 年以降、世界がインフレ高金利時代に入って、株価も変調をきたしました。では、問題の図に示した 2023 年 5 月 10 日までの値動きで判断した場合、どの株がまだ有望なのでしょうか？　右肩上がりが続いてきた長期チャートを見るときは以下のポイントに注目します。

●高値が切り上がっているか。
●安値が切り下がっていないか。
●高値から直近安値までの下落率はどれぐらいか。
●直近の最高値更新が再び射程圏内に入っているか。

　私なら、高値からの下落率が最も軽微で、最高値更新が視野に入っている**アップル**を最も買いたいです。

　高値からの下落率はアップルより大きかったものの、きれいに反転上昇し、同じく最高値更新が視野に入っていた**マイクロソフト**も同じぐらい買いたいです。同社には、対話型人工知能「ChatGPT」を運営する**オープン AI 社に出資**しているという期待感もあります。3 番手は、最高値からの下落率が次に小さいアルファベット。4 番手は、株価が**最高値から半値以下**になったものの、前の安値をかろうじて割り込まずに小反発しているアマゾン・ドット・コム。ただし、同社は最高値圏でもみ合い相場だったことが気になります。今後、この最高値圏が強力な抵抗帯になるでしょう。最も買いたくないのは**最高値から 70％以上も急落**し、前の前につけた安値すら、いったん割り込んでしまったメタ・プラットフォームズ。2023 年に入ってからは GAFAM の中で最も高い上昇率で株価が急回復していますが、今後も上値に控える過去の高値や安値が大きな抵抗帯になりそうです。

・チャート総合問題①

図は上場来高値を更新中の会社の週足チャートに日足の200日移動平均線を表示したもの。具体的にはどこで買う？（記述式）

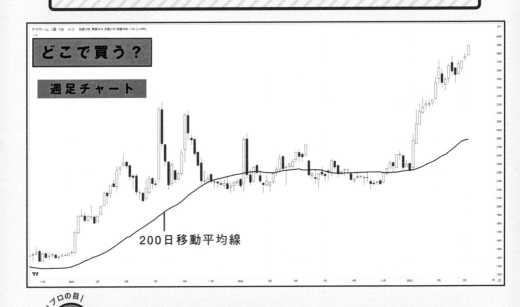

どこで買う？

週足チャート

200日移動平均線

|プロの目|

　ここからは実戦でもすぐに使えるテクニカル分析の総合問題を出題していきます。記述式ですので、チャートを見て、自分なりにどこで買うか、具体的なエントリーポイントを考えてみてください。問題の図は戸建て住宅メーカー、タマホームの週足チャート（2020年10月～2023年5月10日）に日足の200日線を表示したもの。タマホームは期間中、何度も上場来高値をつけ、画面一番右側の2023年5月にも株価が過去最高値を更新した好業績急成長株です。

A 42 | 直近高値を超えた大陽線③で買う（右の図）

■ 週足チャート＋200日線で買い時判断

　個別株の取引では、たとえ数日間の短期売買でも、日足チャートより**週足チャート**を使ったほうが値動きや売買タイミングをつかみやすい傾向があります。私が上場来高値更新銘柄を狙った売買をするときは、次の手順で、テクニカル分析を始めます。

> ●異なる期間のチャートにも日足の200日線を表示できる「TradingView」などのチャートサービスを利用。
> ●上場来高値更新銘柄の値動きを週足チャートで表示。
> ●週足チャート上に200日線を描画。
> ●週足の値動きが200日線を超えてきたらスタンバイ。

　その後、週足チャート上で「この高値を超えたら上昇に弾みがつく」と思われる価格帯に、通常は**逆指値の成行買い注文**を入れて、実際にその**高値更新**が起こるかどうかを待ちます。この方法だと取引時間中に値動きをずっとウォッチしている必要がないのでラクチンです。

■ 直近の値動きの抵抗帯・支持帯を見極める

　テクニカル分析では、直近の値動きの上昇を阻む抵抗帯や下落を食い止める支持帯がどこにあるかをまず探します。「この価格帯まで来ると過去に上昇が跳ね返されることが多かった」という**抵抗帯を株価が上に突き抜ける**ことができれば、上昇に弾みがつきやすいからです。

　逆に「この価格帯まで来ると、下げ止まって反転上昇しやすい」といった支持帯も探します。その支持帯を下に割り込んでしまったら、それ

までの上昇シナリオが崩れるので、そのラインを損切りの目安にします。当然ですが、損切りに関しては絶対厳守です。

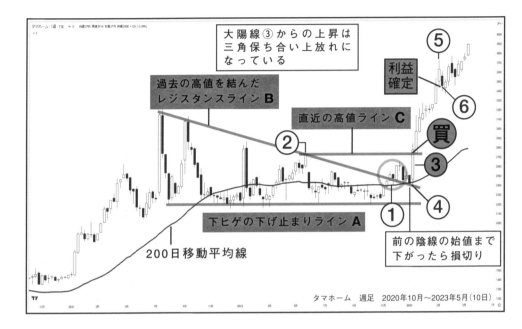

過去の高値を結んだ
レジスタンスライン **B**

直近の高値ライン **C**

大陽線③からの上昇は
三角保ち合い上放れに
なっている

利益
確定

買

下ヒゲの下げ止まりライン **A**

200日移動平均線

前の陰線の始値まで
下がったら損切り

タマホーム　週足　2020年10月〜2023年5月（10日）

　問題の図に抵抗帯、支持帯となるラインなどを書き込み、私なりの売買ポイントを示したのが上の図です。

　タマホームの株価は2021年7月に急騰したあと、ほぼ、その上昇値幅の中で2023年1月まで1年半も横ばいで推移していました。

　横ばい相場の下限では何度も2200円台で下ヒゲをつけて下げ止まっています（**下ヒゲの下げ止まりライン A**）。ここがこの時期のタマホームの支持帯になります。一方、高値に関しては2021年7月高値から徐々に切り下がる形になっています。**過去の高値同士を結んだレジスタンスライン B** を引きます。図の①のあたりでそのレジスタンスラインBを突破。同時に200日線も超えて上昇機運が高まっています。

　ただ、直近の高値②を起点にした**高値ライン C** まで届くことなく、いったん下落。その後、下値の200日線にサポートされて、大陽線③が

出現。そこから勢いよく上昇しています。この**大陽線③が直近の高値ラインCを超えたところ**で、私なら買いを入れます。

　直近高値ラインCからいったん下落して再び上昇した大陽線③は、次に挙げる二重の意味で上昇に弾みがついたことを示すローソク足です。

儲けのツボ!

● 200日線が支持帯として機能して上昇。
● これまでのレジスタンスラインを①でブレイクしたあと、そのレジスタンスラインが今度は支持帯（サポート）に転換したかどうかを試しにいく動きが完了して再上昇。

　その勢いに乗っていくのが、上場来高値更新銘柄の上昇局面で買いを入れる絶好のタイミングになるわけです。この場合、損切りラインは、200日線でサポートされて下げ止まった前の**陰線④の始値**にします。

　200日線にサポートされ、大陽線③で直近高値ラインCをブレイクしたあと、**株価は一直線で急上昇**しています。全体の形状を見ると、チャートパターンの**三角保ち合い上放れ**になっています。

　利益確定に関する私のルールは「前のローソク足の安値を割り込んだら売り」ですから、この図の場合は、2023年3月13日の週に前の週の上ヒゲ陽線⑤の安値を下回った陰線⑥が利益確定のポイントになります。

　その後も上昇が続きましたが、大陽線③のエントリーポイントから陰線⑥の利益確定ポイントまでの値幅は約690円。上場来高値更新銘柄の強い上昇の勢いに乗った会心のトレードといえるでしょう。

　これはドリルの問題で、実際に取引して利益をあげたわけではありませんが、以上の手順が上場来高値更新銘柄の攻略法になります。

　日足チャートではなく週足チャートを使って、より大局的、俯瞰的にトレードを行うことや、上昇に弾みがつく**直近高値突破以外にも買いの根拠を探す**こと（このケースの場合は200日線のサポートやレジスタンスラインの支持帯への転換）が大切といえるでしょう。

・チャート総合問題②

Q43

図1はA社の週足チャート。
図2は過去の高値水準がわかる
長期週足チャートです。
2つのチャートから売買プランを
立ててください（記述式）

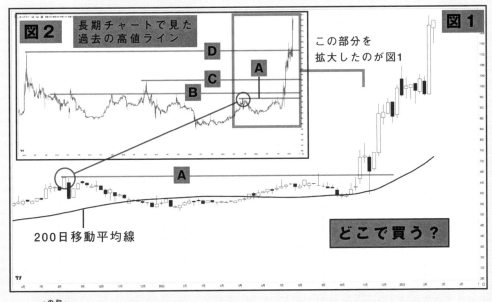

図2　長期チャートで見た過去の高値ライン

D
C
B
A

図1

この部分を
拡大したのが図1

A

200日移動平均線

どこで買う？

👁 プロの目

　図1は漫画専門古書店のまんだらけの 2021 年 5 月〜 2023 年 2 月の週足チャートに日足の 200 日移動平均線を描画したもの。図2の、より長期的な週足チャート（2014 年 11 月〜）では、過去の高値ラインを図1の最先端部分まで引っ張りました。過去の高値水準を根拠に考えてください。

A43

過去の高値ラインA 〜 Dを超えたところで順次買いを入れる（右ページの図）

■ 複数の過去の高値突破で上昇が加速したケース

　問題の図の**まんだらけ**は、長らく横ばい相場が続いていましたが、2022 年春ごろからの月次売上高の回復やコロナ明けで増えた訪日外国人のマンガ原画やアニメフィギュア需要に対する期待感で株価が上昇を開始。2022 年 10 月 31 日の週に**大陽線①**（右ページの図）が出現して、2021 年 8 月 10 日の週につけた過去の高値 668 円の**ライン A** や過去に何度も高値をつけた**ライン B** を突破して上昇が加速しました。

　その後、いったん下落したものの、過去の高値ライン C、D も次々に超えて株価が急騰していきました。

　そのため、正解は、問題の図 2 に引いた **4 本の過去の高値ラインを突破したら順次買いを入れていく**、といったものになります。

　株価というのは過去につけた特徴的な高値まで上がると戻り売りが出やすいものです。しかし、その高値を突破したら、もう上値に戻り売り圧力がなく、投資家心理が好転することで、上昇に弾みがつきやすくなります。そして、さらに高値を追って、どんどん上がっていく典型例といえる値動きです。

■ 過去の高値でのもみ合いを想定。完全突破したら買い

　具体的な売買手順を紹介するために、右ページの図には、問題の図 2 に示した 4 本の過去の高値ライン A 〜 D を反映しました。

　まずは 2021 年 8 月につけた過去の高値 A のラインを超えた**①の大陽線に示したポイントで買いエントリー**します。

　そのときの大陽線①は直後に高値ライン B も超えて上昇し、翌週はさらに上値にあった高値ライン C にも接近しますが、ここで**戻り売りが発生**。まんだらけが 2022 年 11 月 14 日に 2022 年 9 月期の決算を発表

した際、翌2023年9月期予想が**減益**だったこともあって、陰線②をつけて下落します。前の陽線の安値を割り込んだ陰線②の③のポイントでいったん利益を確定します。

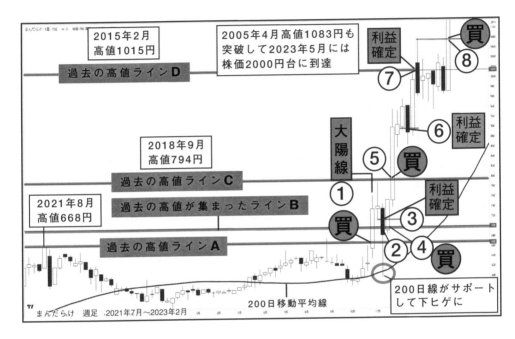

しかし、陰線②の下ヒゲは**200日線にほぼぴったりサポート**されて戻ってきました。これは株価が200日線を割り込むかどうか、下値を試しにいって結局割り込まずに再び反発したということなので、上昇の勢いが強い証拠になります。

その後、再び高値ラインBを超えた④、さらに上値の高値ラインCを超えた⑤の大陽線でも買いエントリーできます。

途中、陰線⑥が前の陽線の安値を割り込んだところで利益確定してもいいでしょう。もしくは、上昇の勢いが明らかに強いので、次は**さらに高値のラインDにトライ**しにいくに違いないと考えてもいいでしょう。

その場合は買いを継続し、想定通り高値ラインDで跳ね返されて下落した上ヒゲの長い陰線⑦で利益確定する売買プランになるでしょう。

その後は**高値ラインD**を超えるか超えないかでもみ合いになります。

このもみ合いは様子見に徹し、明確に高値ラインDを超えるかどうかを観察します。

そして、株価が直近高値（陰線⑦の上ヒゲ先端）を超えた大陽線⑧のポイントで買いエントリーします。

■ 次の高値を利益確定目標に何度も売買を繰り返す

このように、上値に過去の高値ラインが何層にもわたって控えている場合は、**1つ目の高値ライン超えで買って、次の高値ラインを利益確定の目標に設定**して、こまめに利益確定を繰り返す売買戦略が有効です。

そうすれば、**高値ライン近辺の戻り売り**で株価が急落したり、横ばいで膠着したりするリスクを回避した"おいしいところ取り"の取引が可能になります。

まんだらけのように、過去にたくさんの高値ラインがある銘柄ではこうした売買手順が最も実戦向きで、利益も得やすいといえるでしょう。

実は、まんだらけにはさらに上値に、2005年4月につけた上場来高値1083円が控えていました。

しかし、株価は2023年2月13日の週の大陽線⑧でその上場来高値も更新しています。

2023年6月現在、株価は最高2000円台まで上昇。2022年10月31日の週の大陽線①の始値657円から半年あまりで、株価3倍超を達成しています。

その過程で何度も過去の強力な高値ラインの抵抗帯を突破しているわけですから、非常に力強い上昇です。

このように過去に象徴的な高値がある銘柄については、過去の高値近辺の戻り売り圧力で急落もしくはもみ合うリスクを想定しつつ、その高値を超えたら上昇の勢いに乗っていくという売買手順で利益を積み上げていきましょう。

・チャート総合問題③

Q44

図は株価が上場来高値圏にある
A社の週足チャートです。途中、
200日移動平均線を割り込みました。
そのあと、早めに仕掛けるなら
どこで買う？（記述式）

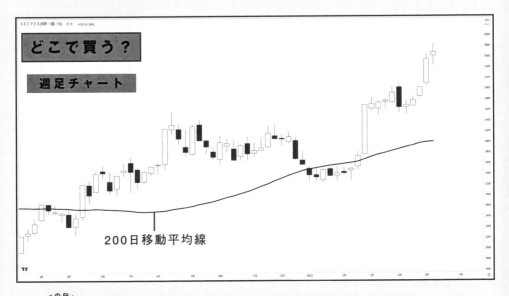

どこで買う？

週足チャート

200日移動平均線

|プロの目|

　図はカーコーティングと洗車の専門店を展開する KeePer
技研の週足チャート（2022年3月〜2023年5月10日）。
株価はいったん200日線を割り込んでいます。その後、直
近高値を超えたところが正式な買いエントリーのポイントに
なりますが、早めに仕掛けるならどこで買いますか。好みの
問題もありますが、私ならトレンドラインを引いて考えます。

下の図に示したように、私なら 2023 年 2 月 27 日の週につけた**大陽線①**が、2022 年 8 月 15 日の週の上場来高値 4585 円（②）と直近高値③を結んだ**レジスタンスライン A** を超えたところで早めに買います。その前に 200 日線を割り込んだものの、大きく下げていないこと、**200 日線自体も上向き**な点が支援材料です。株価が 200 日線を超えた④のポイントで早めに買ってもいいでしょう。その後は②の**上場来高値ライン B**を超えたところが最も手堅い買いのポイント。上ヒゲ陰線でつけた高値ライン C を突破したところも買いです。ライン C を突破するまでの高値圏での横ばい相場では、**ライン B がサポートラインとして機能**し、下ヒゲをつけて何度も下げ止まっています。株価は安値を試して割り込まないことを確認したら、今度は高値を試しにいくものなのです。

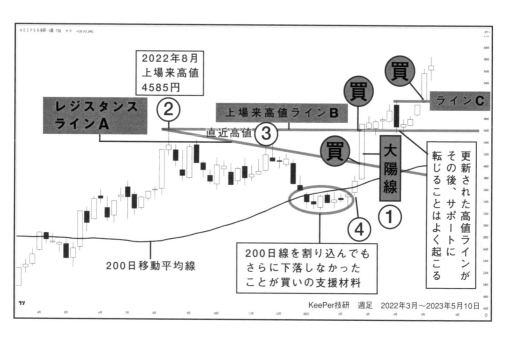

KeePer技研　週足　2022年3月〜2023年5月10日

・チャート総合問題④

図は下降トレンドの月足チャート。今後の上昇を阻みそうな過去の高値・安値やレジスタンスラインを探してください（記述式）

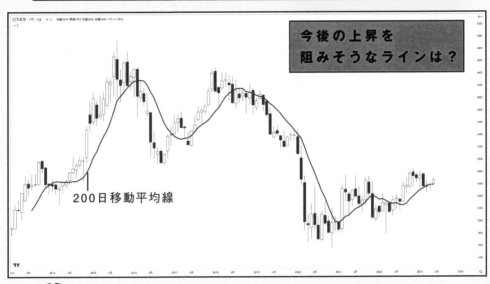

今後の上昇を
阻みそうなラインは？

200日移動平均線

|プロの目|

　図は日本航空の月足チャート（2013 年 1 月〜 2023 年 5 月 10 日）に日足の 200 日移動平均線を表示したもの。株価は 2 度の高値をつけたあと、大きく下落。その後、反転していますが、その上昇はゆるやかです。200 日線を超えて上昇が続いているので買いのようにも思えます。ただし、長期月足チャート上には今後の上昇を阻む抵抗帯になりそうな高値・安値ラインやレジスタンスラインが多数隠れています。それらを探してみてください。

高値・安値ラインAや
レジスタンスラインB、C（下の図）

　問題の図はコロナ禍で大打撃を受けて急落した**日本航空**の月足チャートですが、コロナ明けで旅行や出張需要が回復しても、株価はさほど戻っていません。それはなぜか、というとテクニカル上の理由があるから。直近の値動きの上値には、過去の高値①や安値②（下の図）が重なった**高値・安値ラインA**があり、**強力なレジスタンス**として立ちふさがっています。近くには、過去の上ヒゲ高値を結んだレジスタンスラインBも迫っており、上値を抑える壁になりそう。その上には、過去の最高値③とその後の戻り高値④を結んだレジスタンスラインCも控えています。個人投資家の中には、お買い得感やその会社のブランドイメージにひかれて、こういった銘柄の**株価の戻りを狙う人**がたくさんいます。しかし、その**発想自体が失敗につながっている**ことに気づきましょう。

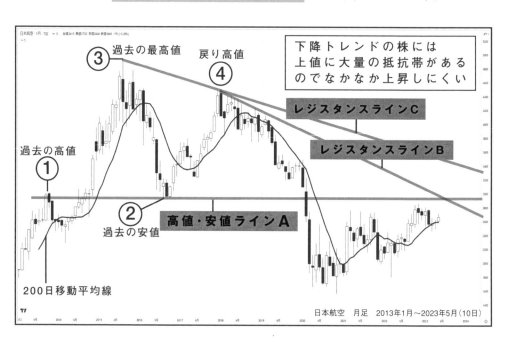

日本航空　月足　2013年1月〜2023年5月（10日）

・株価と信用倍率

図は株価と信用取引の信用倍率の推移です。どこでカラ売りすれば成功しやすい？（記述式）

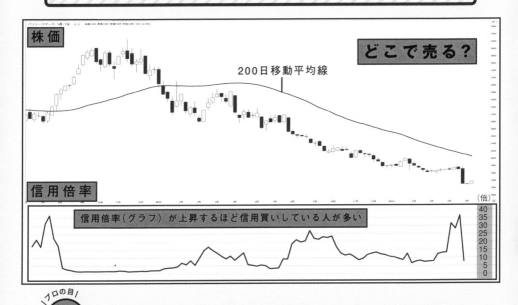

株価

どこで売る？

200日移動平均線

信用倍率

信用倍率（グラフ）が上昇するほど信用買いしている人が多い

（倍）

|プロの目|

　図はアフィリエイト広告の代理店を手がけるバリューコマースの2021年6月〜2023年5月10日の週足チャートと信用取引の信用倍率の推移です。信用倍率とは、信用取引を利用した信用買いの残高をカラ売りの残高で割ったもの。制度信用を運営する日本取引所グループ（東証の親会社）が毎週第2営業日の16時30分を目安に発表する前週最終営業日時点の「銘柄別信用取引週末残高」をもとに計算されます。株価との関係性について考えてください。

信用倍率が急上昇しているのに株価下落は
カラ売りで成功しやすい（右ページの図のA）

■ 信用倍率は潜在的な需給がわかる貴重な指標

　証券会社などからお金や株券を借りて、**元手の約3.3倍まで投資できるのが信用取引**（詳細は182ページの「COLUMN 02」参照）です。投資家が信用取引を利用して買った株数の合計は**「信用買い残高」**（以下、単に**買い残**と略します）、カラ売りした株数の合計は**「信用売り残高」**（以下、**売り残**）と呼ばれ、証券取引所が運営する制度信用取引では、その残高が週に1回公表され、「買い残÷売り残」で計算した**「信用倍率」**もネット上で確認できます。

　制度信用取引には、**6か月以内に反対売買して保有ポジション（「建玉」と呼びます）を決済しなければならないルール**があります。6か月以内に反対売買という決まりがあるため、信用取引の買い残は潜在的な将来の売り圧力、売り残は買い圧力になりやすいのです。株価が下落している中で、買い残が増えてしまうと、信用買いした人の損益状況はマイナスになってしまい、彼らの投げ売りで株価の下落にさらに拍車がかかりやすくなります。

| プロの目 |

- ●信用買い残は将来の売り圧力。信用倍率が高いのに株価が下落→今後も下がりやすい。
- ●信用売り残は将来の買い圧力。信用倍率1倍以下なのに株価上昇→今後も上昇しやすい（「踏み上げ相場」などと呼ぶ）。

　信用倍率が上昇しているのに株価が下落していると**信用取引の需給動向**（**「信用取り組み」**と呼んだりします）から見て、この先も下落が続

きやすい、ということがわかっていれば、問題の答えは簡単です。

■ 株価と信用買い残・売り残をセットで見る

　バリューコマースの週足チャートを見ると、下向きの200日移動平均線の下で株価の安値が切り下がる下降トレンドが続いています。注目したいのは下落の過程で**信用倍率が急激に跳ね上がったA**の箇所です。この2022年7月25日の週の株価は、下降トレンド途中の三角保ち合いを下放れて下落が加速。大陰線①が出現していましたが、この週の最終営業日（7月29日）の信用倍率が一気に跳ね上がり18.9倍に達しています（A）。つまり、信用取引を使って、大陰線①の下落を**買い下がっていった人**たちが増えたわけです。これは元プロの私からすれば「このあと、株価がもっと下がる＝カラ売りの大チャンス」と教えてくれているようなもの。なぜなら、下がっているものを逆張りで買い下がった人たちの**損切りの売り決済で株価の下落に拍車がかかる**ことが目に見えているからです。Aでカラ売り後、しばらくして陽線が3本続き、信用

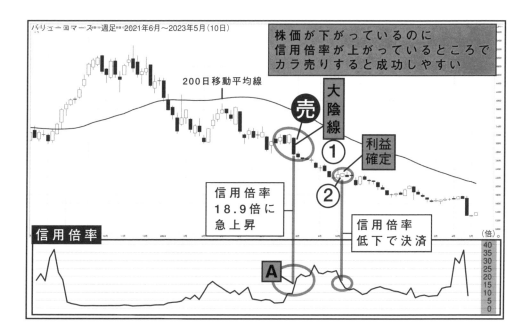

倍率が12.9倍まで低下した2022年10月11日の週（②）までに買い決済すれば、相当な下落幅を利益にかえることができました。

信用倍率を使ったカラ売りの手順
①信用倍率が過去の水準から上昇していることを確認。
②信用倍率上昇にもかかわらず株価がサポートラインなどを
　割り込んで下落を開始したらカラ売り出動。
③信用倍率が高水準になっている間は売り継続。
④信用倍率が低下して株価が下げ止まったら買い決済。

■株価と信用倍率の関係性と売買戦略

　株価の上昇・下落と信用倍率の上昇・低下を組み合わせて状況把握するときは、以下のように判断しましょう。

●**株価も上昇、信用倍率も上昇**——その株を将来、売りたい人が増えていることを示す警戒シグナルになりますが、その利益確定売りをこなして株価が上昇を続けている間は問題ありません。ただし、今後、株価が下落に転じると、株価の上昇過程で信用買いをした人が一斉に利益確定の売り決済をして、下落に拍車がかかる可能性があります。

●**株価は上昇、信用倍率は低下**——株価の上昇過程で信用買いをした人の利益確定が進み、将来の売り圧力が弱まっているので、さらに株価が上がりやすくなります。

●**株価は下落、信用倍率は上昇**——問題のバリューコマースのように、信用買いをした人の投げ売りで株価の下落に拍車がかかる可能性大です。

●**株価も下落、信用倍率も低下**——信用買いをした人の損切り決済が続いている状況です。その売りで株価はさらに下がるかもしれません。しかし、信用買いした人が全員損切りしたあとは上値の戻り売り圧力

が弱まるので株価が上昇しやすくなります。

■ 信用評価損益率にも注目したい

　信用取引の需給動向から今後の株価を予測する指標には**「信用評価損益率」**もあります。これは信用取引を行っている人の損益状況を日本経済新聞社が原則、毎週木曜日の朝刊紙面上で公表しているもの。

　信用取引は基本的に短期売買目的のため、利益が出たらすぐに利益確定されて取引が解消されやすい傾向があります。そのため、信用残高として残っている建玉の多くは含み損を抱えたものが多くなります。

　プロのトレーダーも利用しますが、制度信用を使って信用取引を行っている人の大半は個人投資家です。

　個人投資家には、利益が出るとすぐに利益確定してしまう半面、損失が出てもすぐに損切りできず、塩漬けポジションを抱えたまま、取引を引っ張り続ける傾向が強いのです。

　そのため、信用取引を行っている人の評価損益率は、

● **マイナス15～20%からマイナス5%～プラスマイナスゼロの間を行ったり来たりしやすい。**

● **マイナス10%を下回ると、信用買いしている人が担保に預けた委託保証金の追加入金（「追証」と呼びます）を迫られているケースが多い。**

● **マイナス15～20%に達すると株価底入れシグナル。**

● **マイナス3～5%に損益が改善しているときは相場のピーク。**

● **プラスマイナスゼロ以上になることはめったにない、**

　といった特徴があり、投資家の損益情報から株価の今後を占う指標としては大変有用です。

　日本経済新聞の紙面のみの発表で、ネット上で確認することは現状できないため（2023年6月現在）、個人投資家には少し入手しづらい情報です。しかし、自社の信用取引の損益情報をネット上で公開しているネット証券もありますので、注意して見てみるといいでしょう。

COLUMN 02

信用取引の最大の利点は株価下落時も儲けられること

証券会社に信用取引口座を開設して、**30万円以上**の「委託保証金」（＝自己資金）を入金すると信用取引を行うことができます。投資できる金額は**元手の約3.3倍**まで。

最大の利点は、株を買うだけでなく、証券会社などから借りてきた株をまず市場で売って、あとから買い戻す**カラ売りができる**こと。相場が下落しているときもカラ売りすることで利益を得られます。

少ない元手でも**レバレッジ**（「てこ」の原理）をかけて大きな金額を投資できる**資金効率のよさ**も魅力。ただ、投資に失敗すると元手以上の損失をこうむるリスクがあります。取引期間中は「**買方金利**」や「**貸株料**」といった金利コストがかかります。

信用取引には、証券取引所が選定した銘柄を取引する「**制度信用**」、各証券会社が独自に取引する銘柄を決める「**一般信用**」の2つがあります。

制度信用のメリットは金利コストが安いこと。その半面、**6か月以内**に建玉を決済しなければならないというルールがあります。制度信用を使って**カラ売りもできる銘柄は「貸借銘柄」**、信用買いしかできない銘柄は「信用銘柄」と呼ばれます。

一方、一般信用はカラ売りできる銘柄の数が豊富で、6か月以内に反対売買する必要がなく無期限で取引できる点がメリット。売買コストが少し高いことが多い点がデメリットです。

・先物取引

全体相場の動向を見るのに
最も重要なのはどれ？

①日経平均先物価格

② TOPIX 先物価格

③米国株価指数・S&P500

　先物取引は、将来の決められた期日（満期日）で原資産を買う、もしくは売るための価格を現時点であらかじめ決めて行う取引です。プロトレーダーの多くは先物取引を活用して、株価指数自体を売買したり、個別株買い・日経平均先物売りといった両建て取引をすることでサヤ取りやリスクヘッジを行ったりしています。日経平均株価は日本を代表する優良企業 225 社の株価から算出した株価指数です。「日経 225」とも呼ばれ、構成銘柄の株価の合計金額を決められた除数で割って計算する「株価平均型」の株価指数です。一方、TOPIX（東証株価指数）は旧東証１部の全銘柄の株価に、浮動株比率を反映した各銘柄の発行済み株式数をかけた「浮動株時価総額加重型」の株価指数です（2022 年 4 月の東証の新市場区分移行で組み入れ銘柄に若干の変更あり）。S&P500 は世界中の機関投資家が運用成績のベンチマーク（指標）にする株価指数です。

■ 重要度は日経平均先物＞S&P500＞TOPIX先物の順

　世界全体の相場の地合い（相場動向のこと）を見るうえでは、世界中の機関投資家が運用指針にしている③の米国株価指数・S&P500も確かに重要です。ただ、日本株の動向を予測するためには、やはり日本株の代表的株価指数で、多くの外国人投資家が取引している①の**日経平均先物が断然、最重要**です。日経平均先物が上昇していれば全体相場の地合いがいい、下落していれば悪い、と判断します。全体相場がいいときは個別株も上がりやすく、悪いときは個別株も下がりやすい、というのが日本マーケットの絶対真理です。

　日経平均株価は採用された225社の株価を平均した指数で、米国のダウ工業株30種平均（NYダウ）と同じ**株価平均型**です。構成銘柄225社の中でも、株価の絶対値が高いファーストリテイリングなどの**値がさ株が指数に与える影響が大きく**なります。

　一方、TOPIXは**浮動株時価総額加重型**なので、時価総額が大きいトヨタ自動車やソニーグループ、日本電信電話など通信株や三菱UFJフィナンシャル・グループなど銀行株の影響力が強くなります。

　日本株の先物取引には、②の**TOPIX先物**もありますが、プロの世界ではTOPIX先物はあまり重視されていません。

　米国の株価指数には③のS&P500のほか、NYダウやNASDAQ総合指数（もしくはNASDAQ100）があります。日本株の売買代金の**7割前後**は外国人投資家の取引によるもので、外国人投資家は米国株市場の動向を意識しながら日本株の売買も行うので、その動向も非常に重要。

　最近の個人投資家はS&P500を重視して、NYダウは見ないという人も多いですが、**3つの株価指数すべてが重要**で、たとえ日本株といえども3指数すべてがいい局面で買ったほうが利益をあげやすくなります。

・現物と先物

日経平均先物が急落、つられて現物株も急落。その理由として正しいのは？（複数回答）

①割高な先物を買い、割安な現物株を売る動きが広がるから
②割高な現物株を売り、割安な先物を買う動きが広がるから
③先物に先安観が出たことで現物株を売る動きも広がるから

POINT!!

「自分は現物株を買おうとしているので、先物は関係ないのでは」と考える人もいるかもしれません。しかし、マーケットでは、常に先物価格と現物株の株価の間に「裁定取引」が働いています。裁定取引は英語で「Arbitrage：アービトラージ」と呼ばれます。たとえば、日経平均先物価格と日経平均株価採用銘柄の株価から計算した日経平均株価現物の間に一時的な価格差（ゆがみ、カイ離）が生じたとき、割高なほうを売り、割安なほうを買い、その後、両者の価格差が縮小した時点で反対売買を行って利ザヤを稼ぎます。日経平均先物の価格が急落した場合、この裁定取引がどう働くかを考えてみてください。

　また、外国人投資家には日本株を直接売買せず、日経平均先物の売買だけで済ませてしまう勢力もいます。投資家が日経平均先物を売っているのは日本株がこれから下がると考えているから。選択肢の一つだけが正解とは限りません。

A48 ②と③が正しい

■ 日経平均先物を使った裁定取引の仕組み

　価格変動において同一の性格を持つ2つの商品があった場合、**割高な ほうを売って割安なほうを買う**と、その差額を**利ザヤ**として稼げます。 これが裁定取引の原理。問題のように、日経平均先物が売られて価格が 急落すると、日経平均株価を構成する現物株の株価（以下、「日経平均 現物」とします）が日経平均先物価格より割高になります。そのため、 ②のように割高な現物株を売り、割安な日経平均先物を買う動きが広が ります。ここでいう日経平均現物の取引とは、日経平均株価に採用され ている225社の現物株を日経平均株価の構成とまったく同じ比率で売買 すること。**巨額な資金**が必要で手数料もかさむため、日経平均先物を使 った裁定取引を行っているのは、証券会社の自己売買部門にほぼ限られ ます。取引自体もコンピュータで完全にシステム化されています。

　よく**「裁定取引の買い残高が増える」**と表現されますが、それは、日 経平均先物が上昇して現物に対して割高になったとき、先物を売って現 物を買う裁定取引が増えることを意味します。逆に**「裁定取引の売り残 高が増える」**のは、先物が売られて現物より割安になったときです。割 高な現物を売って、割安な先物を買う裁定取引が増え、現物株のカラ売 り残高が増加することを意味します。現物株がカラ売りされることで日 経平均現物も下落し、先物との価格のゆがみは解消されます。

　日経平均先物と現物のどちらが割高か割安かを判断するためには、日 経平均先物の価格がどのように決まるかを理解している必要がありま す。簡単にいうと、**日経平均先物の理論価格**は現在の日経平均株価に、 先物取引の残存期間分の**市場金利と配当利回り**を考慮した**「理論ベーシ ス」**（ベーシス＝現物株と先物の価格差）という値を足すことで決まっ ていきます。このあたり、そんなに難しい話ではないので、身構えない でほしいです。詳しくは190ページの「COLUMN 03」で説明します。

①～⑤の日経平均株価採用銘柄で最も構成比率が高い銘柄は？　また最も株価換算係数が大きい銘柄は？

①アステラス製薬
②ソフトバンクグループ
③信越化学工業
④ファナック
⑤東京エレトクロン

POINT!!

　日経平均株価は日本経済新聞社が1950年9月7日から算出を開始。東証プライム市場上場の銘柄から選出された225社で構成され、毎年4月、10月に採用銘柄の定期見直し（入れ替え）があります。指数の算出方法は、各採用銘柄の株価を合計して、決められた除数で割る株価平均型です。そのため、株価が高い特定の値がさ株の影響力が非常に強いという特徴があります。株価計算に占める構成比率が最大なのはファーストリテイリング。その次に大きいのは①～⑤のどの銘柄でしょう。また、実際の指数に反映される株価は、現実の株価に「株価換算係数」という倍率をかけたもの。株価換算係数が必要なのは、株式分割などが実施されても株価の連続性が保てるように、株価水準を調整するためです。①～⑤の中で係数が最大なのは？

A 49

構成比率最大は⑤東京エレクトロン。
株価換算係数最大は②ソフトバンクグループ

■ かなり "いびつ" な日経平均株価の算出方法

構成比率の正解は⑤東京エレトクロン＞②ソフトバンクグループ＞④ファナック＞③信越化学工業＞①アステラス製薬の順。株価換算係数は②ソフトバンクグループが6倍で最大。①アステラス製薬、③信越化学工業、④ファナックが5倍、⑤東京エレトクロンが3倍です（2023年6月7日現在）。

本来、株価指数はS&P500やTOPIXのように浮動株時価総額加重型で計算したほうが、投資家からの評価が高く規模の大きな会社の寄与度が大きくなり、マーケット全体を素直に反映した "自然" なものになります。しかし、日経平均株価は株価平均型。しかも実際の株価に「株価換算係数」という "変なゲタ" を履かせています。そのため、特定の値がさ株だけが株価に大きな影響を与える、かなり "いびつ" な指数になっています。株価換算係数が導入された理由の一つは、2001年の商法改正で廃止されるまで、日本の株式には額面制度があり、銘柄によって1株の額面が50円や500円、5万円などバラバラだったことです。額面が50円の株と5万円の株ではそもそも株価のケタが違うため、日経平均株価の算出では、1株を50円とみなすという「みなし額面」を採用。株価換算係数を使って、額面の異なる銘柄の株価水準を調整することにしたのです。

現在も株式分割・併合があると株価の連続性が保てないため、たとえば2021年9月にトヨタ自動車が1株を5株に分割したとき、同社の株価換算係数は1から5になりました。つまり、実際の株価の5倍の "みなし株価" が日経平均株価を算出する際に用いられることになります。

この株価換算係数があるため、同じ値がさ株でも係数次第で指数に対する影響力が大きく変わってきます。たとえば、2021年10月から日経

平均株価の指数採用銘柄となったセンサーなど電子機器の**キーエンス**の株価（2023年5月12日終値ベース。以下同）は6万5520円ですが、そのまま指数に新規採用すると影響力が強くなり過ぎるため、株価換算係数は<u>0.1</u>に設定され、みなし株価も低く抑えられて計算されています。

　一方、構成比率No.1の**ファーストリテイリング**は株価3万1640円ですが、2023年3月に1株を3株に分割したため、株価換算係数は3。**みなし株価は9万4920円**に達します。時価総額はキーエンスが日本株の中で3位、ファーストリテイリングは10位前後です。

■日経平均株価の構成比率ランキング

　そこで大切になるのは、日経平均株価の構成比率が高い特定の銘柄が具体的にどの企業かを事前に知っておくことです。

日経平均株価の構成比率の高い銘柄ランキング

1位…ファーストリテイリング（10.95％）

2位…東京エレクトロン（5.67％）

3位…ソフトバンクグループ（3.42％）

4位…KDDI（3.05％）　5位…ダイキン工業（2.95％）

6位…アドバンテスト（2.80％）　7位…ファナック（2.63％）

8位…信越化学工業（2.29％）　9位…テルモ（1.94％）

10位…TDK（1.68％）　　※2023年5月12日終値ベース

　構成比率は株価次第で日々変動しますが、圧倒的に影響力が強いのはファーストリテイリング。次に<u>東京エレトクロン、ソフトバンクグループ</u>です。全体相場は個別株にも強い影響を与えますが、その**全体相場を象徴する日経平均株価を"牛耳る"形**なのが上記3銘柄。この3銘柄に注目しておけば、さらに正確、詳細な全体相場の地合いがわかります。

日経平均先物の理論価格はどうやって決まる?

日経平均先物は、将来の満期日の日経平均株価の価格をあらかじめ「いくら」と決めて取引します。その理論価格は以下の数式で決まります。

「日経平均株価×｛1 +（市場金利－配当利回り）×（満期日までの残存日数÷1年365日）｝」

日経平均株価を買いたいという投資家はどこからかお金を借りてきて買うので（という前提）、お金を借りるための**市場金利（%）**を支払わないといけません。一方、日経平均株価採用銘柄の現物（採用銘柄225社すべての現物株）を持っていれば、株主配当金がもらえます。しかし、日経平均先物を保有していても株主配当金はもらえません。そのため、先物の価格は**もらえない株主配当金の配当利回り（%）分だけ低く**なってしまいます。

こうした先物取引が満期を迎えるまでの価値の増減を調整するための計算式が「日経平均株価×（市場金利－配当利回り）×残存日数÷365日」で、この部分を**「理論ベーシス」**と呼びます。

通常は配当利回りのほうが市場金利よりも高いので、理論ベーシスは**マイナスになるのが一般的**です。しかし、市場金利が上がるとそうとも限らなくなります。たとえば、2022年～2023年のインフレで市場金利（短期金利）が4%台まで跳ね上がり、配当利回りを超えている米国の先物市場では、株価指数の**先物価格のほうが現物の株価指数よりも高く**

POINT!!

金利には、返済までの期間が短いお金の貸し借りに適用される短期金利と、期間の長い長期金利の2つがあります。返済までの期間が1年以内の金利が一般に短期金利といわれ、それが先物取引の理論価格に適用される市場金利と見なされます。日本の場合、銀行同士で短期資金の貸し借りをするコール市場で、今日借りて明日返す「無担保コール翌日物」が代表的な短期金利です。2023年6月7日現在の無担保コール翌日物金利はマイナス0.1%前後に誘導されています。

なるという逆転現象も起こっています。

　むろん、相場というものは必ずしも理論価格通りに動くわけではありません。投資家の期待感次第では理論値から過剰にカイ離することもあります。相場に**先高観**があって、今後、日経平均株価がもっと上昇すると多くの投資家が思うと、実際の先物価格が理論価格よりも高くなることがあります。

　その際に生じた両者の価格差は**「余剰ベーシス」**と呼ばれます。この余剰ベーシスを狙って利ザヤを稼ぐのが裁定取引というわけです。

　日経平均先物に先高観があって先物価格が理論価格より上昇しているときは、**先物売り・現物買い**。

　日経平均先物に先安観があって、先物価格が理論価格より下落しているときは**先物買い・現物売り**という裁定取引が行われます。

　先物取引の満期日には、**日経平均先物と日経平均現物の価格はぴったり一致**します。

　たとえば、買い裁定の場合、日経平均先物の価格が3万10円、日経平均先物の理論価格が3万円ちょうどのとき、先物売り・現物買いの両建てポジションを作って満期日まで保有し続ければ、**差額10円をほぼノーリスクで獲得**できるわけです。

　裁定売りはその逆。日経平均株価に先安観があると、先物を売る需要が出て、理論価格を下回る**逆ザヤ**が生じます。先物価格が理論価格より割安になっているので先物買い・現物売りの裁定取引でサヤを抜く取引が起きるわけです。

！儲けのツボ！

　将来、価格が同じになる商品の現在価格がカイ離すれば安くなったほうを買って、高くなったほうを売れば必ず儲かります。「せどり」と呼ばれるネット転売と似たような仕組みといえるでしょう。

POINT!!

　東証は毎週第3営業日に裁定取引の残高を公表しています。相場が急落する局面では、先物が先行して売られやすいため、割安な先物を買い、割高な現物を売る裁定売り残高のポジションが増えます。その後、裁定売りを解消するための現物株の買い戻しが、相場がリバウンド上昇する原動力になったりします。逆に相場が好調で先物主導で上昇する局面では、割高な先物を売り、割安な現物を買う裁定買い残高が増えるため、将来、その残高解消のための現物株売りで相場が下落する傾向が強くなります。裁定取引は相場が行き過ぎたときにそれを元に戻す中和剤や、大規模な取引を行うことでマーケットに流動性を供給する潤滑油の役割も担っています。

【付録】

鬼神直伝！　簡単SQ戦略

■ 先物取引の満期日SQって、なに？

　プロが行う裁定取引を個人投資家レベルでも行えるのが、日経平均先物取引が清算される「SQ（エスキュー）日」の寄り付き直後の価格のゆがみを狙った売買手法です。比較的簡単に、個人投資家が裁定取引で利益を目指せる手法なので、付録として本書の最後にご紹介しましょう。

　SQは「Special Quotation：特別清算指数」の略で、先物取引やオプション取引が満期月（「限月」と呼びます）を迎えて清算される日（SQ日）や清算価格（SQ値）のことを指します。

　日本株に多大な影響を与える「日経平均先物（ラージ）」のSQ清算日は、毎年3月、6月、9月、12月の第2金曜日です。ほかのさまざまな先物取引やオプション取引の清算日とも重なるため、「メジャーSQ」と呼ばれています。

　日経平均先物には売買単位がラージの10分の1の「mini（ミニ）」もあり、こちらは毎月第2金曜日が各限月のSQ日になります。

　日経平均先物はこのSQ日によって銘柄分けされていて、3月に満期を迎えるものは「日経平均先物3月限」、12月なら「12月限」という名称で別途、売買されています。最も近い満期月の先物は「期近」、限月が遠い先物を「期先」と呼びます。

■ SQ当日の先物清算価格・SQ値の決まり方とは？

　初心者の方は、どうしてSQ日のような日が必要なのか、不思議に思われるかもしれません。

　そもそも、日経平均先物は、将来のある日の日経平均現物の価格を今

の時点でいくらにするとあらかじめ決めて、将来の限月にその価格で売買することを約束する取引です。

その「将来のある日」にあたるのが、**SQ 日（満期日）**になります。

では、この日になにが起こるかというと、日経平均先物の価格と日経平均株価の現物の価格が一致することになります。

具体的には、日経平均先物ラージの場合、3 月、6 月、9 月、12 月の第 2 金曜日午前 9 時の取引開始後に寄り付いた日経平均採用銘柄 225 社の始値から算出された日経平均株価の始値で、満期を迎えた日経平均先物のポジションが清算されることになります（厳密には始値と SQ 値が一致しない場合があります）。

■ 裁定取引解消の成行注文殺到で株価にブレ

簡単 SQ 戦略の"メイン会場"となるのは、**毎月の SQ 値が決まる第 2 金曜日の朝 9 時直後の寄り付きの時間帯**です。

株の売買の成立方法には、取引時間中に買い手と売り手の注文価格が一致して直接売買が成立する**「ザラバ方式」**と、取引開始前の買い注文と売り注文を市場が取りまとめて数量的に合致する株価を決める**「板寄せ方式」**の 2 つがあります。

寄り付き直後の始値は、後者の板寄せ方式で決まります。

SQ 日当日の現物株の売買板には、SQ を迎えた先物取引の裁定解消やオプション取引にまつわる大量の注文が表示されています。さらに、裁定取引を行っている証券会社各社の思惑もあり、**午前 8 時 59 分 50 数秒といったギリギリの段階で大きな成行注文**が入ることもあります。

この午前 9 時直前の大量の成行注文によって、日経平均株価の採用銘柄の株価が**前日終値から大きくカイ離して寄り付くところを狙った取引**が簡単 SQ 戦略の"肝"になります。

個人投資家の方が実践しやすいのは、前夜の米国市場で大きな動きが起こらなかった毎月第 2 金曜日の SQ 日。**日経平均株価が前日の終値とほぼ同じ水準で始まりそうなとき**です。

そういうときは日経平均株価の採用銘柄も前日とそれほど変わらない

株価で寄り付くことが想定されます。

　午前8時45分からは期先の日経平均先物の取引も始まっていますが、**寄り付き前の気配値**（まだ実際に売買が成立する前の売買注文動向から市場が提供している情報。「寄前気配情報」と呼ばれます）を反映して先物の価格も推移しています。

　そんなとき、午前8時59分50数秒といった時間帯の、SQ日の裁定取引解消にともなう突然の成行注文で、その銘柄の株価が予想外に**"ぴょんと上や下に跳ねて"**、午前9時直後に寄り付くことがあるのです。

　もし、株価が想定外の上値で寄り付くと、なにが起こるでしょうか。

　そうです！　割高な日経平均現物を売って、割安な日経平均先物を買う裁定売りの取引が入るというわけです。

　もし午前8時59分50数秒時点の気配値より想定外に高く寄り付いた場合、日経平均現物が日経平均先物よりも割高になるため、割高な日経平均現物を売って割安な日経平均先物を買う裁定売りが入って、高く寄り付いた現物株は寄り付いた直後にすぐ下落します。

　気配値より想定外に安く寄り付いた場合は、逆に裁定買いが入って現物株は上昇します。

　この値動きを狙って、**事前に現物株の前日終値の上値2%前後に指値の売り注文、下値2%前後に買い注文**を入れておき、"ぴょんと跳ねる"動きにうまく乗って、その指値注文が約定したら、**即、反対売買を成行注文**で入れる――、これが簡単SQ戦略の手順になります。

■ 気配値の変動幅の上限・下限ギリギリに指値注文

　株式市場の取引が開始される午前9時、それぞれの現物株は板寄せ方式で株価（始値）が決まります。

　大量の注文のせいで板寄せができない場合は**「特別買い気配・売り気配」**となり、市場では投資家の注文をさらに集めるための周知を行います。**特別気配値は9時3分、6分、9分……と3分ごとに更新**されていきます。

　午前9時の取引開始直後に始値が決まらず、株価が寄り付かないまま

の状態が続くと、午前 9 時 3 分に気配値が今までより上値に引き上げられたり、下値に引き下げられたりします。

そうなると、気配値自体が変化して、多くの投資家が目をつけ、日経平均先物もその気配値の変動を反映してしまうので、この取引の成功確率は低下します。

つまり、**午前 9 時から特別気配値が上下に動く午前 9 時 3 分直前までの約 3 分間**がこの戦略が最も有効な時間帯になります。

気配値の変動値幅は銘柄によって違いますが、**およそ 1.5 ～ 2% 前後**。それが前日終値の上下 2% 前後に指値注文を入れる理由です。

そんな中、午前 8 時 59 分 50 数秒の突如の成行買い注文で、気配値が切り替わるギリギリの価格帯で売買が成立すると、日経平均現物の価格もその分、ぴょんと跳ね上がって、日経平均先物の価格に対して割高になります。そこで生じる裁定取引を狙って、**"ダメ元"** で **"約定したらラッキー"** ぐらいのつもりで、指値注文を入れておく、というわけです。

たとえば、ファーストリテイリングの気配の更新値幅は 700 円単位で株価換算係数は 3（2023 年 6 月 8 日時点。以下同）。

東京エレクトロンは気配更新値幅 400 円単位で係数 3。

ソフトバンクグループは気配の更新値幅は 100 円単位です。しかし、ソフトバンクグループの株価換算係数は 6（倍）ですので、もし 100 円高く寄り付くと、日経平均株価の算出に使うみなし株価でいうと、600円も上で寄り付いたのと同じことになるため、**日経平均現物の株価にも相当なインパクト**があります。

そのため、午前 9 時から、気配値が引き上げられる午前 9 時 3 分までの間に、日経平均株価の構成比率が高い銘柄が "ぴょん跳ね" して寄り付いた場合、日経平均現物価格と先物価格のカイ離は裁定取引のターゲットになるぐらい大きなものになるわけです。

■ 本来は前日からの相場変動なども考慮する

むろん、夜間の米国市場で大きな動きがあって、日経平均株価が前日の終値から大きく上下に動きそうなときは、その**相場変動**も加味して、

195

買いと売りの指値注文の値段を動かす必要があります。

　たとえば、日経平均株価が前日終値より1％高くなりそうな場合、現物株も同じく1％高く始まることを想定して、**前日終値より「2％＋1％＝3％」上値にカラ売りの指値注文、「－2％＋1％＝－1％」下値に買いの指値注文**といった具合に、指値注文の位置を前日からの相場変動に合わせて移動する必要があります。

　元プロの私は、日経平均株価がどれだけ動けば、個別の採用銘柄がどのぐらい動くかを逆算できるので、そのような指値注文の操作ができます。しかし、個人投資家の方がそれを行うにはかなり高度な知識や計算が必要なので、この簡単SQ戦略が実戦できるのは、**日経平均株価が前日の終値とほぼ同じ水準で始まりそうなとき限定**になります。

■ 取引のターゲットは構成比率の高い上位銘柄

　この取引のターゲットになるのは、日経平均株価に対するインパクトが大きな**ファーストリテイリング、東京エレクトロン、ソフトバンクグループ**が最もふさわしいでしょう。株価が高いほど、価格のブレも大きくなるため、**値がさ株**のほうが、この戦略には適しています。

　ただ、前者の2銘柄は最低売買単価が数百万円と高いので、個人投資家の方は、2023年6月現在では60万円前後で100株の取引が可能なソフトバンクグループがベストかもしれません。

　構成比率は多少低いですが、ファナック、京セラ、信越化学工業、ダイキン工業など、日経平均株価の構成比率上位銘柄も取引のターゲットになります。

　私の場合は、**複数の銘柄（10銘柄程度）の前日終値の上下1〜1.5％前後に買いと売りの指値注文**を入れて、午前9時の取引開始を待ちます。

　なぜ1〜1.5％かというと、上下2％前後だと約定しない可能性が高いからです。ただ、1〜1.5％前後の"ぴょん跳ね"だと、約定直後に即、反対売買の成行注文を出したものの、結局儲からなかった、というケースも出てきます。

　十分なカイ離幅をとると、約定しない可能性が高くなりますが、利益を出せる可能性は高くなるので、簡単 SQ 戦略の指値注文は前日終値の 2％前後に設定しました。

　くれぐれも気をつけてほしいのは、新規注文は**指値かつ寄り付き条件つき注文**で入れること。寄り付き条件つき注文は、寄り付きで約定しない場合は自動的に失効する注文なので、取り消しをする手間が省けます。

　2％に満たない値幅を狙いにいくわけですから、成行注文だと約定価格が不利になってしまい、利ザヤを稼ぐのは不可能です。

　以上が SQ 日の寄り付きに裁定取引で利ザヤを稼ぐ簡単 SQ 戦略になります。初心者の方にはかなり難解に思えたかもしれません。

　また、必ずしもうまくいくという保証はなく、あくまで自己責任で行うのが大原則ですが、本当にそんな値動きになるかどうかを見てみるだけでもトレードの勉強になります。

儲けのツボ！

簡単 SQ 戦略の売買手順
①SQ 日の毎月第 2 金曜日午前 9 時から 9 時 3 分直前限定。
②日経平均株価が前日の終値とほぼ同じ水準で始まりそうなときのみを狙う。
③狙うのはソフトバンクグループなど日経平均株価の構成比率が高い銘柄。
④狙った個別株の前日終値の上値 2％前後にカラ売りの指値注文、下値 2％前後に買いの指値注文を事前に入れる。
⑤午前 8 時 59 分 50 数秒の突然の成行注文で取引開始直後に気配値から大きくカイ離して寄り付く。
⑥日経平均株価の現物と先物の裁定取引が発生。
⑦その流れに乗って、約定通知が来たら、即反対売買。利益確定になっても損切りになっても必ず決済する。

■ おわりに　ドルコスト平均法だけで　"ごちそうさま" は正しいのか?

　株式投資は本当に奥が深く、覚えなければならないルールや知識、情報もたくさんあり、トレード技術をとことん磨かないとなかなか勝てない世界です。ただ、じっくり向き合い、それなりに勉強すれば、株価の未来を予測することが楽しくなり、経済や企業業績、世界全体の動向にも目が向くようになり、知的好奇心を満たしてくれます。

　そして、なにより、実際のトレードで利益を出せるようになれば、モチベーションはさらにヒートアップします。

　毎日トレードするのが、楽しくて楽しくてしょうがない、というステータスまで上りつめることも可能です。

■ S&P500へのつみたて投資に　ぜひプラスアルファを!

　近年の日本では、現行のつみたて NISA や 2024 年からスタートする新 NISA のおかげで、多くの人々が投資に目覚め、S&P500 や全世界株式に連動するインデックスファンドへの毎月定額つみたてを始めています。

　ただ、2022 年以降のロシア・ウクライナ戦争やコロナ明けの物価高や高金利で、S&P500 や全世界株式のパフォーマンスは悪化しました。

　2023 年は回復基調にありますが、3 月には米国の地銀が連鎖破綻するなど、今後、再びバラ色の株価上昇が長期間、続くかどうかは疑わしい状況です。高金利と不景気が同時進行し、1970 年代前半から 1980 年代初頭にかけての米国市場を見舞った「株式の死」といわれる長期低迷時代に入る恐れも十分に考えられます。

　そんなとき、せっかく株式投資に目覚めた人が「やっぱり投資は怖い」「やっても損してしまうだけ」と投資の世界から退場してしまうのは、投資を愛する元プロからすると、とても残念です。

　本書では、「S&P500 に毎月定額つみたてしていれば老後は絶対安泰」といった SNS などに漂う "空気感" にあえて反論するような、少し

"耳が痛い"であろう話にもかなりページ数を割きました。

ただ、私がいいたいのはS&P500のインデックスファンドへの投資はやめたほうがいい、ということでは断じてありません。

それはそれでこつこつ続けたうえで、プラスアルファで個別株投資にもどうか目覚めてほしいと思っているだけです。

なぜなら、ある程度の知識を積み、技を磨けば、個別株投資のほうが儲かるからです。インデックスファンドのつみたて投資にそれほど技術は必要ありませんが、個別株投資の技を磨けば、人生の可能性や選択肢が格段に増えると思います。

だからこそ、本書では個人投資家の方が行いがちな「安いもの、下がっているものをお買い得だと思って買ってしまう」という、元プロの私から見ると、少し悪い"クセ"をなくしていただくために、「高値更新で買い・安値更新で売り」という王道の成功法を少し耳障りなぐらい強調しました。

投資法に「絶対にこれは正解」というものはありません。自分なりの必勝法は自由な立場で個性豊かに自分自分で見つけ出していくものです。

それは、冒険です。ワクワクした気分で誰も100%正確にはわからない"未来という荒野"に踏み出してください。

私はすでに元プロ時代や10年間の個人投資家時代の株式トレードで、それなりの収益を得ています。しかし、一人でトレードする孤独感の解消や、もっとたくさんの人により効率的な投資をしてほしいという思いから、ネット上で「堀江投資塾」（https://www.tousijyuku.com/）を開設して投資教育の配信を行い、グローバルリンクアドバイザーズからメールマガジンも発行しています。

受講してくださった生徒さんの中にはすでに現物株取引で大きな利益を得られた方もいらっしゃいます。もしご興味があれば、ぜひともアクセスしてみてください。

私の初の書籍となる本書を最後までお読みくださった読者の皆さまに深く感謝いたします。

2023年7月吉日　　　　　　　　　　**元機関投資家トレーダー堀江**

元機関投資家トレーダー堀江（もときかんとうしかとれーだーほりえ）
◎1974年生まれ、関東甲信越地方出身。横浜国立大学大学院国際社会科学研究科博士課程後期退学。
◎大学院在学中に経済新聞の求人広告にて日本橋の地場証券が自己勘定取引のトレーダー職で未経験者を募集していることを知り、かねてからトレーダー志望だったため応募。倍率167倍の中途採用試験を突破し契約社員トレーダーとして入社。自己売買部門トレーダーとして株式と日経平均先物の取引をスタートし、相場観とテクニカル分析で利益をあげ続ける。
◎利益のノルマを達成できなければ3か月でクビになる契約社員トレーダーとして契約更新を重ね、リーマンショックも生き残り、その後、上場証券の自己売買部門トレーダーへキャリアアップ。
◎プロのトレーダーになってから10年を機に個人投資家へ転身。
◎2021年10月よりYouTubeチャンネル「元機関投資家トレーダー堀江の投資塾」の配信をスタート。2021年12月の時点で2022年の米国市場の暴落を予測し、的中させる。
◎現在は、日々のトレードのかたわら、ネット上で「堀江投資塾」を開設し、投資教育を行っている。また、投資顧問アナリストとしてメールマガジンの発行もしている。

YouTube「元機関投資家トレーダー堀江の投資塾」
https://www.youtube.com/@investor-Horie

HP「堀江投資塾」
https://www.tousijyuku.com/

メガ盛「株ドリル」
億を儲けた"鬼神プロトレーダーの技術"全部のせ

2023年8月24日　初版発行

著者／元機関投資家トレーダー堀江

発行者／山下　直久

発行／株式会社KADOKAWA
〒102-8177　東京都千代田区富士見2-13-3
電話　0570-002-301(ナビダイヤル)

印刷所／大日本印刷株式会社

製本所／大日本印刷株式会社

©Motokikantoshikatraderhorie 2023 Printed in Japan
ISBN 978-4-04-606110-2　C0033